STARK

2023

Hauptschulabschluss

Original-Prüfungsaufgaben

Baden-Württemberg

Mathematik · Deutsch · Englisch

LÖSUNGEN

STARK

19. neu bearbeitete und ergänzte Auflage
www.stark-verlag.de

Inhalt

Sobald die Original-Prüfungsaufgaben 2022 zur Veröffentlichung freigegeben sind, können die dazugehörigen Lösungen als PDF auf der Plattform *MyStark* heruntergeladen werden (Zugangscode vgl. Umschlaginnenseite).

Lösungen Englisch

Autor*innen

Aufgaben im Stil der Abschlussprüfung: Katharina Bühler (Mathematik); Marion von der Kammer (Deutsch); Paul Jenkinson, Redaktion (Englisch)

Lösungen zu den Original-Prüfungsaufgaben: Katharina Bühler (Mathematik); Claudia Wanner, Marion von der Kammer (Deutsch); Ariane Last (Englisch)

Vorwort

Liebe Schülerin, lieber Schüler,

dieses Buch ist der Lösungsband zu dem Sammelband **Hauptschulabschluss Mathematik, Deutsch, Englisch** (Titel-Nummer C083S0). Es enthält ausführliche kommentierte Lösungsvorschläge zu den Aufgaben im Stil der Hauptschulabschlussprüfung sowie zu den Original-Prüfungsaufgaben 2019 bis 2021 in Englisch und 2020 bis 2021 in Mathematik und Deutsch. Die Lösungen zu den Abschlussprüfungen 2022 stehen dir auf der Online-Plattform *MyStark* zum Download zur Verfügung.

Diese Lösungsvorschläge ermöglichen es dir, deine Leistung einzuschätzen. Die Tipps und Hinweise zu den einzelnen Aufgaben zeigen dir, was bei bestimmten Aufgabenstellungen von dir erwartet wird.

Viel Erfolg in der Abschlussprüfung!

Übungsaufgabe 1 im Stil der Hauptschulabschlussprüfung
Lösungen Mathematik

Teil A 1 – Pflichtteil (hilfsmittelfrei)

1. Rechne entweder mit Brüchen oder mit Dezimalzahlen.
Klammerrechnung kommt vor Punktrechnung!
Beachte: Durch einen Bruch wird dividiert, indem man mit dem Kehrbruch multipliziert.

$$\left(0,75-\frac{1}{4}\right):\frac{1}{2}=\left(\frac{3}{4}-\frac{1}{4}\right):\frac{1}{2}=\frac{2}{4}:\frac{1}{2}=\frac{1}{2}:\frac{1}{2}=\frac{1\cdot \cancel{2}}{\cancel{2}\cdot 1}=\mathbf{1}$$

oder:

$$\left(0,75-\frac{1}{4}\right):\frac{1}{2}=(0,75-0,25):0,5=0,5:0,5=\mathbf{1}$$

2. Bei Längenmaßen beträgt der Umwandlungsfaktor 10.
Nur von Kilometer zu Meter beträgt der Umwandlungsfaktor 1 000.
$1 \text{ m} = 10 \text{ dm} = 100 \text{ cm} = 1\,000 \text{ mm}$

$$1 \text{ m} = \frac{1}{1000} \text{ km}$$

$10\ \%$ von $10 \text{ m} = 10 \text{ m} : 10 = 1 \text{ m}$

~~1 km~~	1 000 mm	~~$\frac{1}{10}$ dm~~	~~1 mm~~
10 % von 10 m	100 cm	$\frac{1}{1\,000}$ km	~~0,1 m~~

3. a) $\sqrt{80} \approx \sqrt{81} = 9$

☐ 8 ☒ 9 ☐ 10 ☐ 20 ☐ 40

b)
```
32 · 32
   96
    64
  1024
```
$\Rightarrow 3{,}2 \cdot 3{,}2 = 10{,}24 \approx 10$

☐ 8 ☐ 9 ☒ 10 ☐ 20 ☐ 40

4. Das Quadrat hat eine Seitenlänge von $a = 2$ cm. Also beträgt sein Flächeninhalt $A = a \cdot a = 2\text{ cm} \cdot 2\text{ cm} = 4\text{ cm}^2$.
Die Formel für den Flächeninhalt eines Dreiecks lautet:

$$A = \frac{1}{2} \cdot g \cdot h$$

Wenn du beispielsweise für die Grundseite $g = 4$ cm und für die Höhe $h = 2$ cm wählst, ergibt sich für den Flächeninhalt:

$$A = \frac{1}{2} \cdot 4\text{ cm} \cdot 2\text{ cm} = 4\text{ cm}^2$$

Mögliche Lösung:

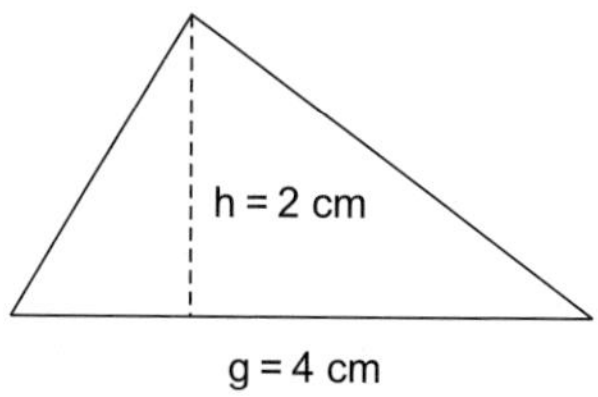

Die Beschriftung der Zeichnung ist in der Prüfung nicht notwendig. Die Maßangaben dienen nur zur Überprüfung deiner Lösung.

5. Falte die Würfelnetze in Gedanken zusammen. Die Flächen mit dem Kreis und mit dem Rechteck müssen sich berühren. Dies ist nur beim dritten Netz der Fall. Bei allen anderen Netzen liegen sich die beiden Flächen jeweils gegenüber.

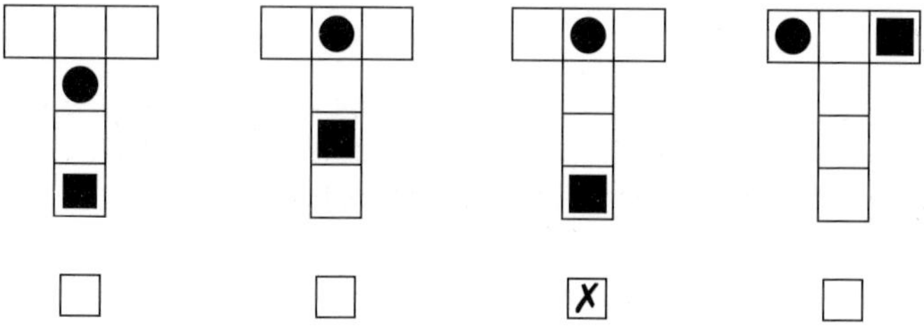

6. In die Breite passen drei kleine Kisten, in die Tiefe zwei und in die Höhe auch zwei.

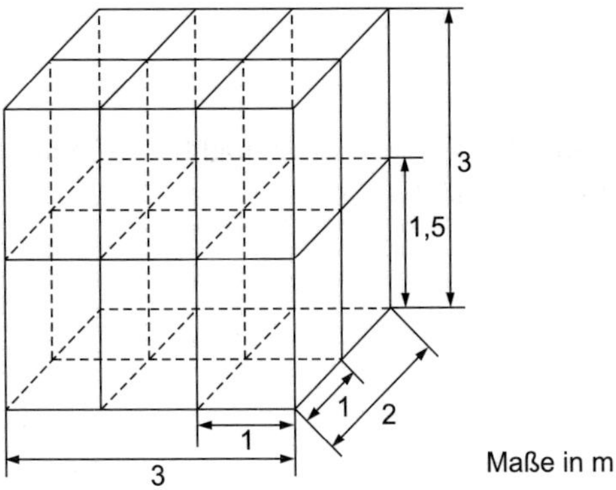

$3 \cdot 2 \cdot 2 = \mathbf{12}$

Man benötigt 12 kleine Kisten, um die große Kiste vollständig auszufüllen.

7. Multipliziere zunächst auf jeder Seite der Gleichung die Klammer aus. Achte dabei auf die Vorzeichen vor der Klammer.
Fasse dann auf jeder Seite zusammen und isoliere die Variable x.

$$4x - 3 \cdot (2x - 3) = 4 - (x + 3) \quad | \text{ Klammern auflösen}$$
$$4x - 6x + 9 = 4 - x - 3 \quad | \text{ zusammenfassen}$$
$$-2x + 9 = 1 - x \quad | +2x - 1$$
$$\mathbf{8 = x}$$

8. Der Graph ist am Anfang steiler und wird zum Ende hin flacher, also steigt das Wasser zunächst schneller und dann immer langsamer. Die Vase muss deshalb unten einen geringeren Durchmesser haben als oben.

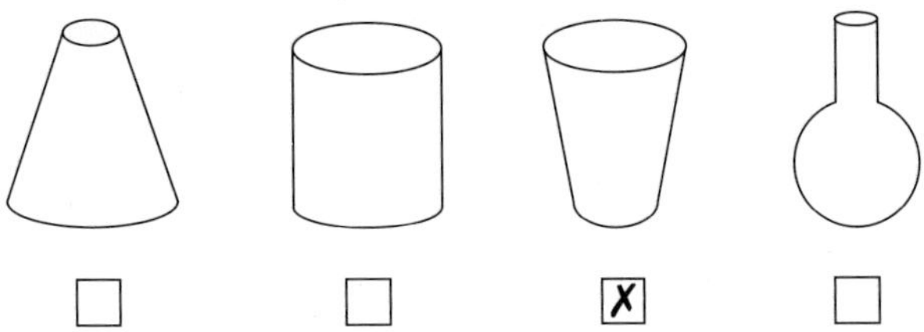

9. Eine lineare Funktion hat die Funktionsgleichung $y = mx + b$. Dabei ist m die Steigung der Geraden und b der y-Achsenabschnitt, d. h., die Gerade schneidet die y-Achse bei $y = b$.
Ist die Steigung positiv, dann steigt die Gerade wie bei Graph C und D.
Ist die Steigung negativ, dann fällt die Gerade wie bei Graph A und B.

(1) $y = 2x + 3$ Graph **C**

(2) $y = 2x - 3$ Graph **D**

(3) $y = -2x + 3$ Graph **B**

(4) $y = -2x - 3$ Graph **A**

10. Den Notendurchschnitt erhält man, indem man die Summe der einzelnen Noten durch die Gesamtzahl der Noten dividiert.

$$(2+3+4+2+?) : 5 = 3$$
$$(11+?) : 5 = 3 \quad | \cdot 5$$
$$11 + ? = 15 \quad | -11$$
$$\mathbf{? = 4}$$

Felix hat in der letzten Klassenarbeit eine 4 bekommen.

Teil A 2 – Pflichtteil

1. Berechne, wie viele Becher Familie Berger pro Woche von jeder Bechergröße kaufen muss, um 2,5 kg Joghurt zu erhalten, und wie viel sie dafür bezahlen muss.
Beachte: Bei Massen beträgt der Umwandlungsfaktor 1 000.
2,5 kg = 2 500 g

Kleine Becher:
2 500 g : 125 g = 20
$20 \cdot 0{,}39$ € = 7,80 €

Große Becher:
2 500 g : 500 g = 5
$5 \cdot 1{,}39$ € = 6,95 €

Berechne nun die Ersparnis pro Woche und im ganzen Jahr.
Ein Jahr hat 52 Wochen.

Ersparnis pro Woche:
7,80 € – 6,95 € = 0,85 €

Ersparnis pro Jahr:
$52 \cdot 0{,}85\ € = \mathbf{44{,}20\ €}$

Familie Berger kann in einem Jahr 44,20 € sparen, wenn sie anstatt kleiner Becher nur noch große Becher kauft.

2. Berechne das Volumen der Wasserfüllung des Schwimmbeckens. Das Becken setzt sich zusammen aus einem Dreiecksprisma mit einem rechtwinkligen Dreieck als Grundfläche (Nichtschwimmerbecken) und einem Quader (Schwimmerbecken).

Nichtschwimmerbecken:
$g = 15\ \text{m};\ h = 15\ \text{m};\ h_K = 80\ \text{cm} = 0{,}8\ \text{m}$

$V_1 = A_G \cdot h_K$

$V_1 = \frac{1}{2} \cdot g \cdot h \cdot h_K$

$V_1 = \frac{1}{2} \cdot 15\ \text{m} \cdot 15\ \text{m} \cdot 0{,}8\ \text{m}$

$V_1 = 90\ \text{m}^3$

Schwimmerbecken:
$a = 15\ \text{m};\ b = 25\ \text{m};\ c = 1{,}8\ \text{m}$
$V_2 = a \cdot b \cdot c$
$V_2 = 15\ \text{m} \cdot 25\ \text{m} \cdot 1{,}8\ \text{m}$
$V_2 = 675\ \text{m}^3$

Gesamter Beckeninhalt:
$V_{gesamt} = V_1 + V_2$
$V_{gesamt} = 90\ \text{m}^3 + 675\ \text{m}^3$
$V_{gesamt} = 765\ \text{m}^3$

Gib nun das Volumen in Litern an.
$1\ \text{m}^3 = 1\,000\ \text{dm}^3$
$1\ \text{dm}^3 = 1\ \ell$

$V_{gesamt} = 765\ \text{m}^3 = 765\,000\ \text{dm}^3 = \mathbf{765\,000\ \ell}$

Im gesamten Schwimmbecken befinden sich 765 000 Liter Wasser.

3. Um das Netz des Prismas zeichnen zu können, musst du zuerst die fehlende Seitenlänge der Grundfläche (rechtwinkliges Dreieck) über den Satz des Pythagoras berechnen.

$$a^2 + b^2 = c^2$$
$$a^2 + (3\text{ cm})^2 = (5\text{ cm})^2$$
$$a^2 + 9\text{ cm}^2 = 25\text{ cm}^2 \quad |-9\text{ cm}^2$$
$$a^2 = 16\text{ cm}^2 \quad |\sqrt{\ }$$
$$a = 4\text{ cm}$$

Mögliche Lösung:

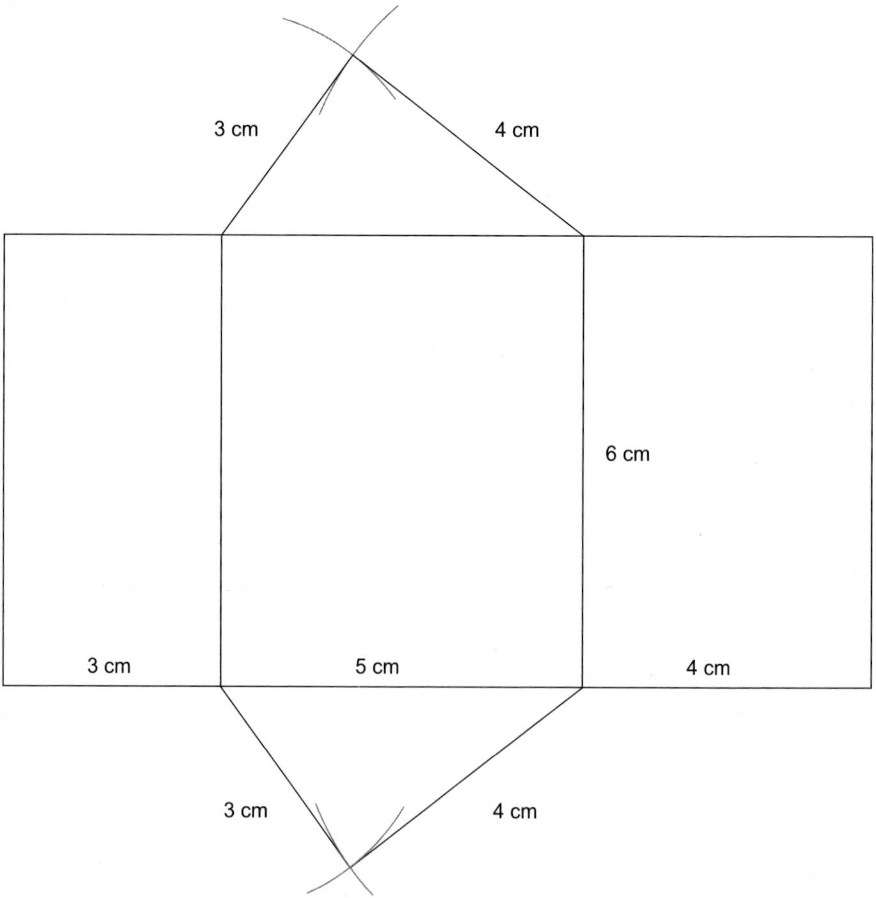

Die einzelnen Flächen können auch anders angeordnet sein. Die Maßangaben sind nicht notwendig. Sie dienen nur zur Überprüfung deiner Lösung.

4. Berechne die Mietkosten für die beiden Wohnungen. Sie setzen sich jeweils aus der Kaltmiete und den Nebenkosten zusammen.

Kaltmiete Wohnung A:

$$58\ \text{m}^2 \cdot 8{,}20\ \frac{€}{\text{m}^2} = 475{,}60\ €$$

Zur Berechnung der Nebenkosten benötigst du die Prozentformel.

Nebenkosten Wohnung A:

$$P = \frac{G \cdot p}{100}$$

$$P = \frac{475{,}60\ € \cdot 30}{100}$$

$$P = 142{,}68\ €$$

Gesamtmiete Wohnung A:
$475{,}60\ € + 142{,}68\ € = 618{,}28\ €$

Kaltmiete Wohnung B:

$$65\ \text{m}^2 \cdot 7{,}10\ \frac{€}{\text{m}^2} = 461{,}50\ €$$

Gesamtmiete Wohnung B:
$461{,}50\ € + 135\ € = 596{,}50\ €$

Prüfe nun, welche Wohnung sich Simon und Leon leisten können.

$2 \cdot 300\ € = 600\ €$

$\mathbf{596{,}50\ € < 600\ €} < 618{,}28\ €$

Simon und Leon können sich nur **Wohnung B** leisten.

5. Wenn als erstes Lied „Candy“ gespielt wird, verbleiben für das zweite Lied noch 4 Möglichkeiten.
Du kannst die Wahrscheinlichkeit als Bruch, als Dezimalzahl oder in Prozent angeben.

Wahrscheinlichkeit („Love Me“ als zweites Lied):

$$\mathbf{\frac{1}{4} = 0{,}25 = 25\ \%}$$

Für die verbleibenden drei Lieder sind folgende **sechs Reihenfolgen** möglich:
Magisch – Rockstar – Havana
Magisch – Havana – Rockstar
Rockstar – Magisch – Havana
Rockstar – Havana – Magisch
Havana – Magisch – Rockstar
Havana – Rockstar – Magisch

Teil B – Wahlteil

1. a) Berechne zuerst, wie viele Schülerinnen und Schüler an keiner Arbeitsgruppe (AG) teilnehmen.
Bestimme dann den Prozentsatz. Du kannst mit der Prozentformel oder mit dem Dreisatz rechnen.

Schülerinnen und Schüler ohne AG:
$580 - 320 = 260$

$$p\ \% = \frac{P \cdot 100}{G}$$

$$p\ \% = \frac{260 \cdot 100}{580}\ \%$$

$$\mathbf{p\ \% \approx 44{,}8\ \%}$$

oder:

$$580 \triangleq 100\ \%$$
$$1 \triangleq 100\ \% : 580$$
$$260 \triangleq 100\ \% : 580 \cdot 260 \approx \mathbf{44{,}8\ \%}$$

Rund 44,8 % der Schülerinnen und Schüler nehmen dieses Jahr nicht an einer der vier angebotenen Arbeitsgruppen teil.

b) Um die Prozentsätze in einem Kreisdiagramm veranschaulichen zu können, musst du zunächst die zugehörigen Mittelpunktswinkel berechnen.

$100\,\% \mathrel{\hat{=}} 360°$	
$1\,\% \mathrel{\hat{=}} 3{,}6°$	
$45\,\% \mathrel{\hat{=}} 162°$	Musik
$27{,}5\,\% \mathrel{\hat{=}} 99°$	Sport
$15\,\% \mathrel{\hat{=}} 54°$	Umwelt
$12{,}5\,\% \mathrel{\hat{=}} 45°$	Theater

Der Radius des Kreisdiagramms beträgt $r = 3$ cm. Vergiss nicht, das Diagramm zu beschriften.

AG-Wahl der Gemeinschaftsschule

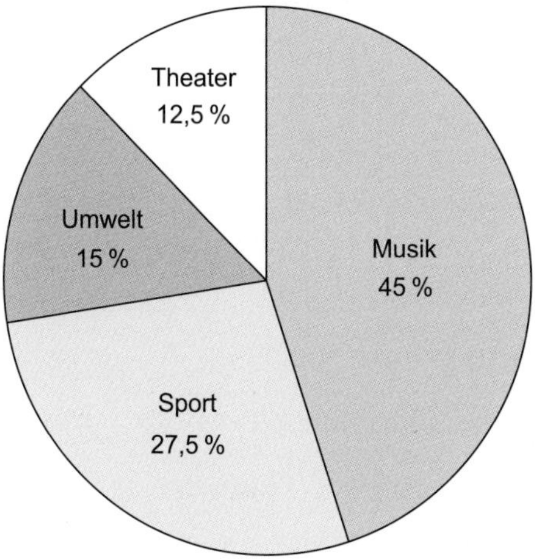

2. a) Überlege, wo die Symmetrieachsen des Sterns überall verlaufen können. Wenn du die Figur an der Spiegelachse in Gedanken zusammenfaltest, müssen die Hälften deckungsgleich sein.

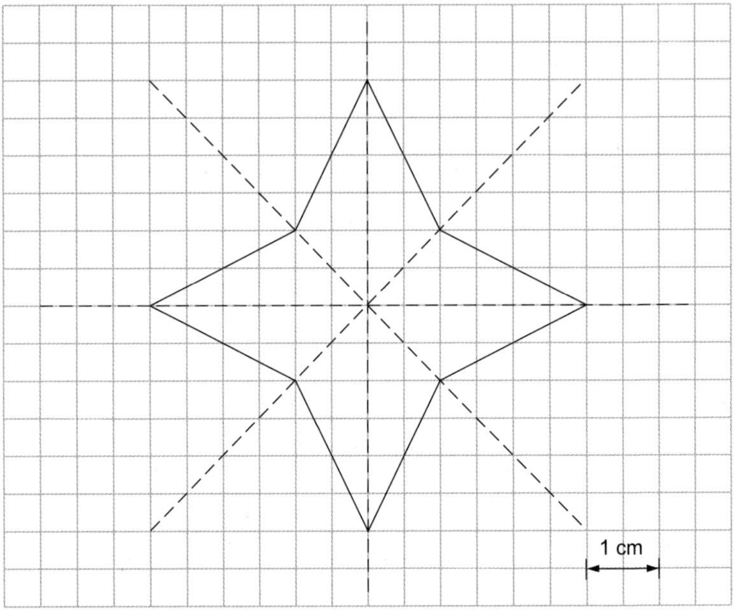

Der Stern hat **4 Symmetrieachsen**.

b) Zerlege den Stern in Teilflächen, um den Flächeninhalt zu berechnen. Er setzt sich aus vier gleichschenkligen Dreiecken und einem Quadrat zusammen. Die Maße kannst du der Zeichnung entnehmen.

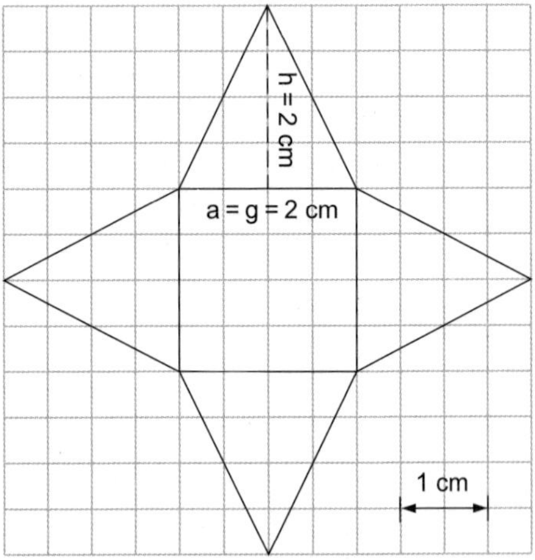

Flächeninhalt eines Dreiecks:
$g = 2\text{ cm};\ h = 2\text{ cm}$

$$A_{Dreieck} = \frac{1}{2} \cdot g \cdot h$$

$$A_{Dreieck} = \frac{1}{2} \cdot 2\text{ cm} \cdot 2\text{ cm}$$

$$A_{Dreieck} = 2\text{ cm}^2$$

Flächeninhalt des Quadrats:
$a = 2\text{ cm}$

$$A_{Quadrat} = a \cdot a$$
$$A_{Quadrat} = 2\text{ cm} \cdot 2\text{ cm}$$
$$A_{Quadrat} = 4\text{ cm}^2$$

Flächeninhalt des Sterns:

$$A_{Stern} = 4 \cdot A_{Dreieck} + A_{Quadrat}$$
$$A_{Stern} = 4 \cdot 2\text{ cm}^2 + 4\text{ cm}^2$$
$$\mathbf{A_{Stern} = 12\text{ cm}^2}$$

Der Flächeninhalt des Sterns beträgt 12 cm^2.

Um den Umfang des Sterns zu berechnen, benötigst du die Schenkellänge des gleichseitigen Dreiecks. Diese kannst du über den Satz des Pythagoras ermitteln.

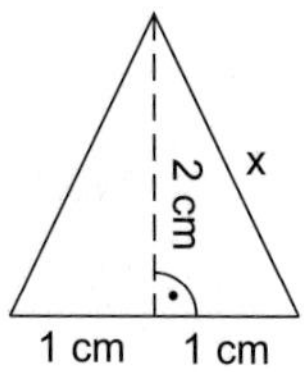

Schenkellänge x des Dreiecks:

$$a^2 + b^2 = c^2$$
$$(1\text{ cm})^2 + (2\text{ cm})^2 = x^2$$
$$1\text{ cm}^2 + 4\text{ cm}^2 = x^2$$
$$5\text{ cm}^2 = x^2 \qquad |\sqrt{\ }$$
$$2{,}236\text{ cm} \approx x$$

Umfang des Sterns:

$$u_{Stern} = 8 \cdot x$$
$$u_{Stern} = 8 \cdot 2{,}236\text{ cm}$$
$$\mathbf{u_{Stern} \approx 17{,}89\text{ cm}}$$

Der Umfang des Sterns beträgt rund 17,89 cm.

3. a) Markiere den Punkt mit den Koordinaten 11.50 Uhr (Rechtswert) und 20 km bei D-Burgen (Hochwert) und verlängere den Graphen bis zu diesem Punkt.

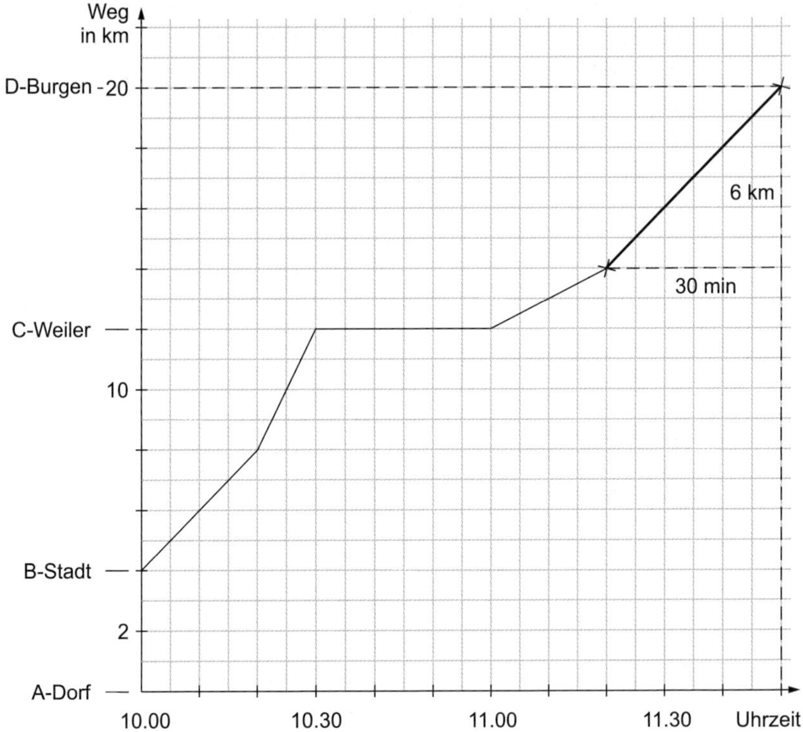

Achte auf die Achseneinteilung: 1 Strich (2 Kästchen) auf der Rechtswertachse entspricht 10 min. 1 Strich (2 Kästchen) auf der Hochwertachse entspricht 2 km.

Für den letzten Teil der Strecke benötigt Paulina 30 min (von 11.20 Uhr bis 11.50 Uhr). Diese Strecke ist 20 km – 14 km = 6 km lang. In einer Stunde würde Paulina die doppelte Strecke ($2 \cdot 6$ km = 12 km) schaffen. Sie fährt also mit einer Geschwindigkeit von $\mathbf{12\,\frac{km}{h}}$.

Du kannst auch mit der Formel für Geschwindigkeiten rechnen.

$s = 6\text{ km};\ t = 30\text{ min} = \frac{1}{2}\text{ h}$

$$v = \frac{s}{t} = \frac{6\text{ km}}{\frac{1}{2}\text{ h}} = \frac{6 \cdot 2\text{ km}}{1\text{ h}} = \mathbf{12\,\frac{km}{h}}$$

b) Mathilda fährt mit einer konstanten Geschwindigkeit, d. h., ihr Graph ist eine Gerade. Um die Gerade zeichnen zu können, benötigst du zwei Punkte, die du verbinden kannst. Markiere den ersten Punkt bei 10.30 Uhr in A-Dorf (0 km). Da Mathilda in einer Stunde 36 km fährt, schafft sie in einer halben Stunde (bis 11.00 Uhr) 18 km. Markiere auch diesen Punkt.

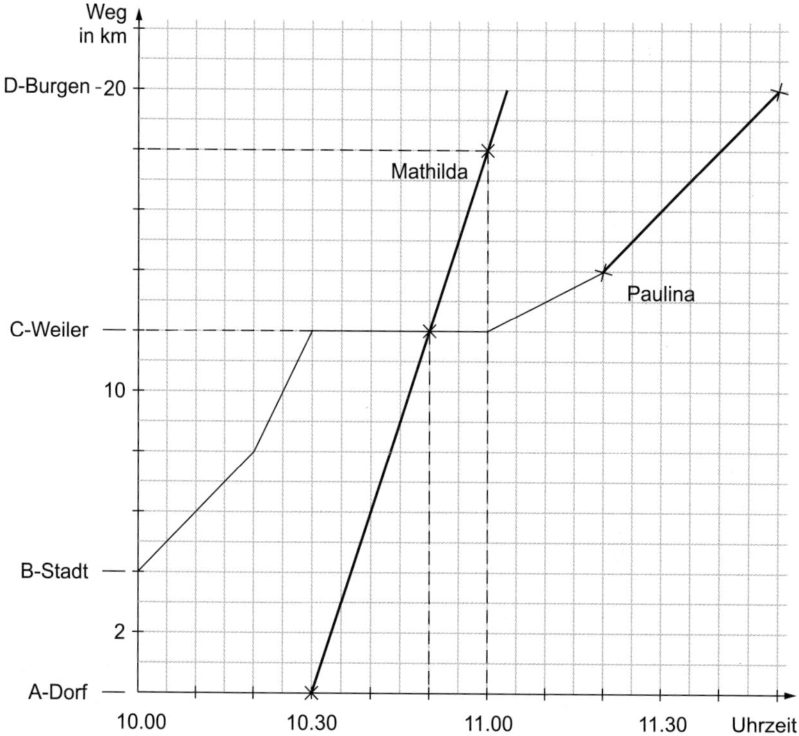

Zeitpunkt und Ort, an dem die beiden Mädchen aufeinandertreffen, kannst du am Schnittpunkt der beiden Graphen ablesen.

Mathilda und Paulina treffen sich **um 10.50 Uhr in C-Weiler**.

Übungsaufgabe 2 im Stil der Hauptschulabschlussprüfung
Lösungen Mathematik

Teil A 1 – Pflichtteil (hilfsmittelfrei)

1. Löse die Aufgabe durch Probieren. Setze auf der linken Seite Klammern und schaue, ob du als Ergebnis die Zahl 8 erhältst.
Beachte: Klammerrechnung vor Punktrechnung vor Strichrechnung!

$$(9-5)\cdot(3-1)=8$$
$$4\cdot 2=8$$
$$8=8 \quad \text{(wahr)}$$

2. Bei der Umwandlung von Bruch, Dezimalzahl und Prozent hilft es dir, wenn du als Nenner die Zahl 100 wählst.

$$\frac{1}{2}=\frac{50}{100}=0,5=50\ \%$$

$$0,25=\frac{25}{100}=\frac{1}{4}=25\ \%$$

$$10\ \%=\frac{10}{100}=\frac{1}{10}=0,1$$

Bruch	Dezimalzahl	Prozent
$\frac{1}{2}$	**0,5**	**50 %**
$\mathbf{\frac{1}{4}}$	0,25	**25 %**
$\mathbf{\frac{1}{10}}$	**0,1**	10 %

3. a) $\sqrt{9}=3$; $\sqrt{16}=4$

Das Ergebnis von $\sqrt{10}$ liegt näher an der 3 als an der 4.

$31\cdot 31$	$32\cdot 32$
93	96
31	64
961	1024

$\Rightarrow 3,1\cdot 3,1=9,61$ $\quad\quad$ $\Rightarrow 3,2\cdot 3,2=10,24$

Das Ergebnis von $\sqrt{10}$ liegt zwischen 3,1 und 3,2.

b) $\underline{14 \cdot 14}$

$$\begin{array}{r} 14 \\ 56 \\ \hline 196 \end{array}$$

$\Rightarrow 1{,}4 \cdot 1{,}4 = 1{,}96$

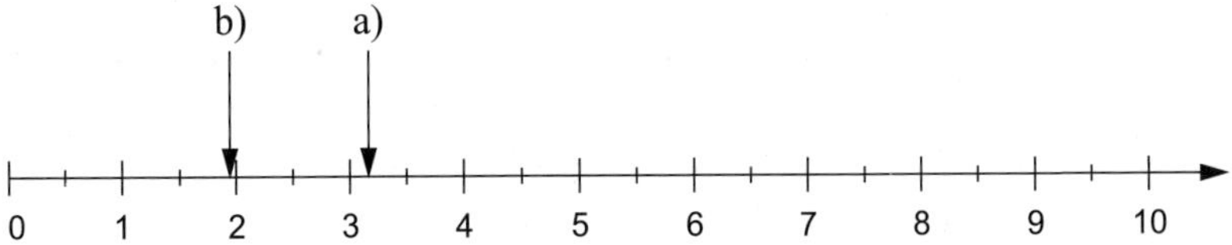

Es werden auch Markierungen akzeptiert, die in der Nähe der exakten Lösungen liegen.

4. Vergleiche die Flächeninhalte der drei Figuren. Entnimm der Zeichnung die benötigten Streckenlängen. 2 Kästchen entsprechen 1 cm.

$A_{\text{Rechteck}} = a \cdot b = 2\text{ cm} \cdot 1{,}5\text{ cm} = 3\text{ cm}^2$

$A_{\text{Dreieck}} = \frac{1}{2} \cdot g \cdot h = \frac{1}{2} \cdot 2\text{ cm} \cdot 2\text{ cm} = 2\text{ cm}^2$

$A_{\text{Kreis}} = \pi \cdot r^2 \approx 3{,}14 \cdot (1\text{ cm})^2 = 3{,}14\text{ cm}^2$

Der **Kreis** hat den größten Flächeninhalt.

5. In rechtwinkligen Dreiecken gilt der Satz des Pythagoras: Die Summe der Quadrate über den Katheten (den kurzen Seiten) ist gleich dem Quadrat über der Hypotenuse (der langen Seite).

$$(4\text{ cm})^2 + (5\text{ cm})^2 \stackrel{?}{=} (6\text{ cm})^2$$

$$16\text{ cm}^2 + 25\text{ cm}^2 \stackrel{?}{=} 36\text{ cm}^2$$

$$41\text{ cm}^2 \neq 36\text{ cm}^2$$

Dreieck 1 ist nicht rechtwinklig.

$$(3\text{ m})^2 + (4\text{ m})^2 \stackrel{?}{=} (5\text{ m})^2$$

$$9\text{ m}^2 + 16\text{ m}^2 \stackrel{?}{=} 25\text{ m}^2$$

$$25\text{ m}^2 = 25\text{ m}^2$$

Dreieck 2 ist rechtwinklig.

6. Die Formel zur Volumenberechnung eines Quaders lautet: $V = a \cdot b \cdot c$

$V_1 = 10\text{ cm} \cdot 10\text{ cm} \cdot 30\text{ cm} = 3\,000\text{ cm}^3$

$V_2 = 10\text{ cm} \cdot 10\text{ cm} \cdot 60\text{ cm} = 6\,000\text{ cm}^3$

Emma hat **nicht recht**, das Volumen **verdoppelt** sich nur.

7. Multipliziere zunächst die Klammer aus. Dazu musst du jedes Glied in der Klammer mit der Zahl vor der Klammer malnehmen.
Fasse dann zusammen und isoliere die Variable x.

$$
\begin{aligned}
2(x-7) &= -5x+6+3x &&\mid \text{Klammer auflösen}\\
2x-14 &= -5x+6+3x &&\mid \text{zusammenfassen}\\
2x-14 &= -2x+6 &&\mid +2x+14\\
4x &= 20 &&\mid :4\\
\mathbf{x} &\mathbf{= 5}
\end{aligned}
$$

8. Marie geht zur Schule. ⇒ Der Graph steigt.
Marie bleibt stehen. ⇒ Der Graph verläuft waagerecht zur Zeit-Achse.
Marie rennt zur Schule. ⇒ Der Graph verläuft steiler als zu Beginn.

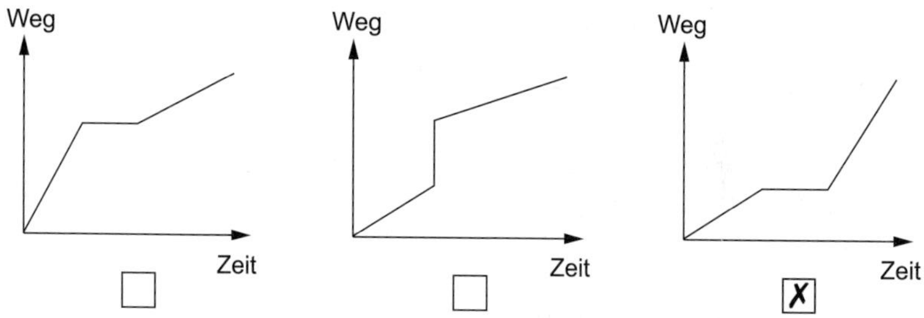

9. Eine lineare Funktion hat die Funktionsgleichung $y = mx + c$. Dabei ist m die Steigung der Geraden und c der y-Achsenabschnitt.
Bei Funktion A ist der y-Achsenabschnitt $c = 2$. Die Graphen von allen anderen Funktionen verlaufen durch den Ursprung.
Die Funktionen A und B haben eine negative Steigung, d. h., die Geraden von A und B fallen.
Die Funktionen C und D haben eine positive Steigung, d. h., die Geraden von C und D steigen. Der Graph von D steigt steiler als der von C, da die Steigung größer ist.

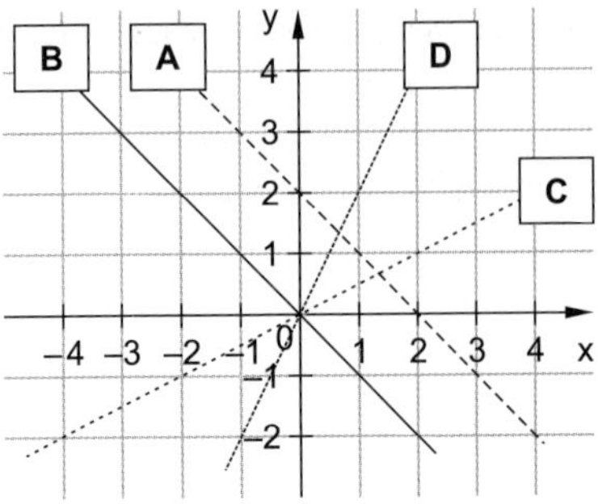

10. Sieh dir die Kreisausschnitte in den Diagrammen genau an und prüfe, welche zu den gegebenen Prozentangaben passen.
45 % sind etwas weniger als ein Halbkreis. Das passt zu Diagramm 1, aber nicht zu Diagramm 2 (genau die Hälfte) und auch nicht zu Diagramm 3 (deutlich weniger als die Hälfte). Auch die anderen Prozentangaben passen nur zu Diagramm 1.

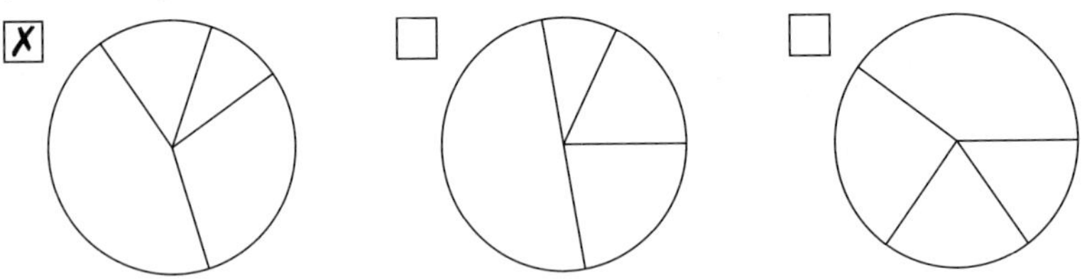

Teil A 2 – Pflichtteil

1. Bei dieser Aufgabe liegt ein indirektes Verhältnis (antiproportionale Zuordnung) vor. Je mehr Taschengeld Nora ausgibt, desto weniger lang reicht es. Rechne mit dem Dreisatz. Berechne zuvor noch in einem Zwischenschritt, wie viel Euro Nora täglich im Urlaub ausgibt.

$7{,}50\,€ + 3{,}00\,€ = 10{,}50\,€$

$$\begin{array}{rrcll} :7{,}5 & 7{,}50\,€ & \mathrel{\hat{=}} & 14\text{ Tage} & \cdot 7{,}5 \\ \cdot 10{,}5 & 1\,€ & \mathrel{\hat{=}} & 105\text{ Tage} & :10{,}5 \\ & 10{,}50\,€ & \mathrel{\hat{=}} & \mathbf{10\ Tage} & \end{array}$$

Nora hat ihr Taschengeld bereits nach 10 Tagen ausgegeben.

oder:

Nora hat insgesamt $7{,}50\,€ \cdot 14 = 105\,€$ Taschengeld zur Verfügung.
Sie gibt täglich $7{,}50\,€ + 3{,}00\,€ = 10{,}50\,€$ aus. Das reicht für
$105\,€ : 10{,}50\,\frac{€}{\text{Tag}} = \mathbf{10\ Tage}$.

2. Um das Volumen des Holzabfalls zu berechnen, musst du vom Volumen des Würfels das Volumen des Zylinders abziehen.
Da der Zylinder möglichst groß sein soll, entspricht die Kantenlänge des Würfels dem Durchmesser und der Körperhöhe des Zylinders.

Würfelvolumen:
$a = 50\text{ cm}$
$V_{\text{Würfel}} = a \cdot a \cdot a$
$V_{\text{Würfel}} = 50\text{ cm} \cdot 50\text{ cm} \cdot 50\text{ cm}$
$V_{\text{Würfel}} = 125\,000\text{ cm}^3$

Zylindervolumen:
$d = 50\text{ cm} \Rightarrow r = 25\text{ cm}; \quad h = 50\text{ cm}$
$V_{\text{Zylinder}} = \pi \cdot r^2 \cdot h$
$V_{\text{Zylinder}} = \pi \cdot (25\text{ cm})^2 \cdot 50\text{ cm}$
$V_{\text{Zylinder}} \approx 98\,174{,}77\text{ cm}^3$

Volumen des Holzabfalls:
$V_{\text{Abfall}} = V_{\text{Würfel}} - V_{\text{Zylinder}}$
$V_{\text{Abfall}} = 125\,000\text{ cm}^3 - 98\,174{,}77\text{ cm}^3$
$V_{\text{Abfall}} = 26\,825{,}23\text{ cm}^3 \approx \mathbf{26\,825\text{ cm}^3}$

Es fallen rund 26 825 cm^3 Holzabfall an.

3. Das Dreieck ABC ist rechtwinklig, daher kannst du die fehlende Seitenlänge b (Kathete) über den Satz des Pythagoras berechnen.
Den fehlenden Winkel β bestimmst du über die Winkelsumme im Dreieck. Diese beträgt 180°.

Seitenlänge b:

$$a^2 + b^2 = c^2$$
$$(15\text{ cm})^2 + b^2 = (25\text{ cm})^2$$
$$225\text{ cm}^2 + b^2 = 625\text{ cm}^2 \quad |-225\text{ cm}^2$$
$$b^2 = 400\text{ cm}^2 \quad |\sqrt{}$$
$$\mathbf{b = 20\text{ cm}}$$

Winkelgröße β:

$$\alpha + \beta + \gamma = 180°$$
$$37° + \beta + 90° = 180°$$
$$\beta + 127° = 180° \quad |-127°$$
$$\boldsymbol{\beta = 53°}$$

Die Seite b ist 20 cm lang und der Winkel β beträgt 53°.

4. Bei der Funktionsgleichung $y = -1{,}5x + 6$ handelt sich um eine lineare Funktion. Der zugehörige Graph ist eine Gerade. Du kannst sie mithilfe einer Wertetabelle zeichnen. Du kannst die Gerade aber auch mithilfe des y-Achsenabschnittes ($c = 6$) sowie des Steigungsdreiecks ($m = -1{,}5$) zeichnen. Vergiss nicht, die Achsen zu beschriften.

Wertetabelle:

Abbrenndauer in h	0	1	2	3	4
Länge der Kerze in cm	6	4,5	3	1,5	0

Die Wertetabelle ist nicht gefordert. Sie hilft dir aber bei der Lösung der Aufgabe.

Graph:

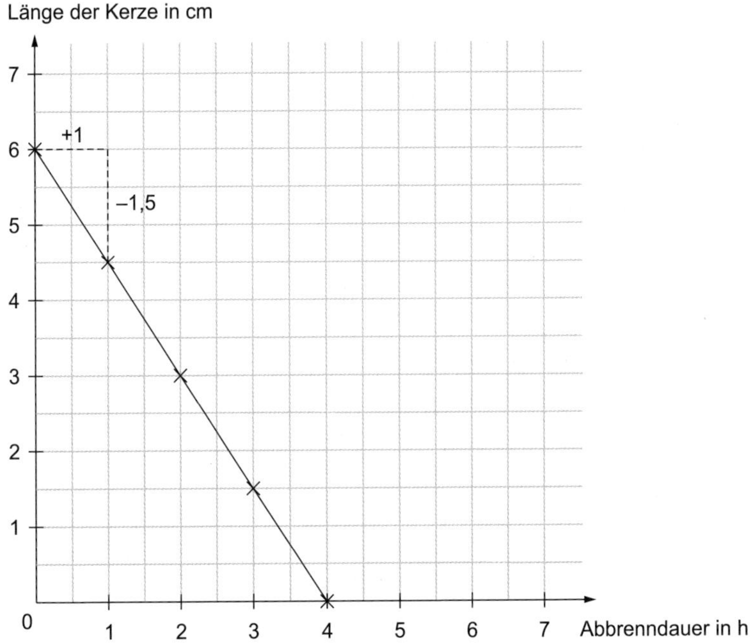

Den Zeitpunkt, wann die Kerze vollständig abgebrannt ist, kannst du ganz einfach aus der Wertetabelle und aus dem Graphen ablesen.
Du kannst ihn aber auch berechnen, indem du in der Funktionsgleichung für $y=0$ setzt.

$$
\begin{aligned}
y &= -1{,}5x+6 & & \\
0 &= -1{,}5x+6 & & \mid -6 \\
-6 &= -1{,}5x & & \mid :(-1{,}5) \\
\mathbf{4} &= \mathbf{x} & &
\end{aligned}
$$

Nach **4 Stunden** ist die Kerze vollständig abgebrannt.

5. Für die Wahrscheinlichkeit eines Zufallsversuchs gilt:

$$\text{Wahrscheinlichkeit} = \frac{\text{Anzahl der günstigen Ergebnisse}}{\text{Anzahl der möglichen Ergebnisse}}$$

Glücksrad A:
Günstige Ergebnisse (gerade Zahl): 2, 4

$$\text{Wahrscheinlichkeit} = \frac{2}{5}$$

Glücksrad B:
Günstige Ergebnisse (gerade Zahl): 2, 4, 6, 8, 10

$$\text{Wahrscheinlichkeit} = \frac{5}{11}$$

Vergleiche nun die Wahrscheinlichkeiten für das Ereignis „gerade Zahl“ der beiden Glücksräder.

Vergleich Glücksrad A – Glücksrad B:

$$\frac{2}{5} = \frac{22}{55}$$

$$\frac{5}{11} = \frac{25}{55}$$

$$\Rightarrow \quad \mathbf{\frac{2}{5} < \frac{5}{11}}$$

Ich entscheide mich für **Glücksrad B**, weil dort die Wahrscheinlichkeit höher ist, eine gerade Zahl zu drehen und somit zu gewinnen.

Wenn man nun bei einer ungeraden Zahl gewinnt, ändert sich jeweils die Anzahl der günstigen Ergebnisse und damit auch die Wahrscheinlichkeit. Vergleiche erneut.

Glücksrad A:
Günstige Ergebnisse (ungerade Zahl): 1, 3, 5

Wahrscheinlichkeit $= \frac{3}{5}$

Glücksrad B:
Günstige Ergebnisse (gerade Zahl): 1, 3, 5, 7, 9, 11

Wahrscheinlichkeit $= \frac{6}{11}$

Vergleich Glücksrad A – Glücksrad B:

$\frac{3}{5} = \frac{33}{55}$

$\frac{6}{11} = \frac{30}{55}$

$\Rightarrow \quad \mathbf{\frac{3}{5} > \frac{6}{11}}$

Ich entscheide mich nun für **Glücksrad A**, weil dort die Wahrscheinlichkeit höher ist, eine ungerade Zahl zu drehen und somit zu gewinnen.

Eine Rechnung ist hier nicht unbedingt erforderlich, du kannst deine Entscheidung auch nur mit Worten ausführlich begründen.

Teil B – Wahlteil

1. a) Lies die Gewinne bzw. Verluste der einzelnen Quartale aus dem Diagramm ab und rechne sie zusammen. Beachte dabei die Einheit der Hochwertachse: „in Tausend Euro".
Um das durchschnittliche monatliche Ergebnis zu erhalten, muss du das Gesamtergebnis durch 12 teilen.

Gesamtergebnis:
$-7\,500\text{ €} + 12\,500\text{ €} + 35\,000\text{ €} - 2\,500\text{ €} = \mathbf{37\,500\text{ €}}$

Die Eisdiele erzielte im letzten Jahr ein Gesamtergebnis von 37 500 €.

Durchschnittliches monatliches Ergebnis:
$37\,500\text{ €} : 12 = \mathbf{3\,125\text{ €}}$

Die Eisdiele erzielte im letzten Jahr ein durchschnittliches monatliches Ergebnis von 3 125 €.

b) Berechne jeweils den verbleibenden Verlust im 1. und im 4. Quartal. Im 1. Quartal verbleibt ein Verlust von 5 % des Verlustes vom Vorjahr. Im 4. Quartal reduziert sich der Verlust um 60 %, d. h., es verbleibt ein Verlust von 100 % – 60 % = 40 % im Vergleich zum Vorjahr. Rechne mit der Prozentformel oder mit dem Dreisatz.

Verbleibender Verlust im 1. Quartal:

$$P = \frac{G \cdot p}{100}$$

$$P = \frac{7\,500\text{ €} \cdot 5}{100}$$

P = 375 €

oder:

$$\begin{array}{rcl} :100 \; (& 100\,\% \mathrel{\hat{=}} 7\,500\text{ €} &) \; :100 \\ \cdot 5 \; (& 1\,\% \mathrel{\hat{=}} 75\text{ €} &) \; \cdot 5 \\ & 5\,\% \mathrel{\hat{=}} \mathbf{375\text{ €}} & \end{array}$$

Verbleibender Verlust im 4. Quartal:

$$P = \frac{G \cdot p}{100}$$

$$P = \frac{2\,500\text{ €} \cdot 40}{100}$$

P = 1 000 €

Du kannst hier auch erst die 60 % berechnen und diese dann vom Vorjahresverlust abziehen.

$$P = \frac{G \cdot p}{100}$$

$$P = \frac{2\,500\text{ €} \cdot 60}{100}$$

$$P = 1\,500\text{ €}$$

2 500 € – 1 500 € = **1 000 €**

Durch die neuen Verkaufsmaßnahmen verringert sich in diesem Jahr der Verlust der Eisdiele im 1. Quartal auf 375 € und im 4. Quartal auf 1 000 €.

2. a) Von Ende Juni bis Ende August fällt der Graph, das **Guthaben** von Anna **sinkt** in diesem Zeitraum von 650 € auf 450 €. Anna hat also in diesem Zeitraum um 200 € mehr ausgegeben als gespart.

Du kannst den Graphen von Anna verlängern, um abzulesen, wie viel Geld sie am Jahresende hat. Du kannst aber auch rechnen.

Von Ende August bis Ende September spart Anna 550 € – 450 € = 100 €. Wenn sie die nächsten drei Monate gleichmäßig weiterspart, hat sie am Jahresende 550 € + 3 · 100 € = **850 €**.

b) Beachte, dass der Graph von Konstantin erst im März bei 200 € beginnt und dann gleichmäßig um 50 € pro Monat ansteigt.

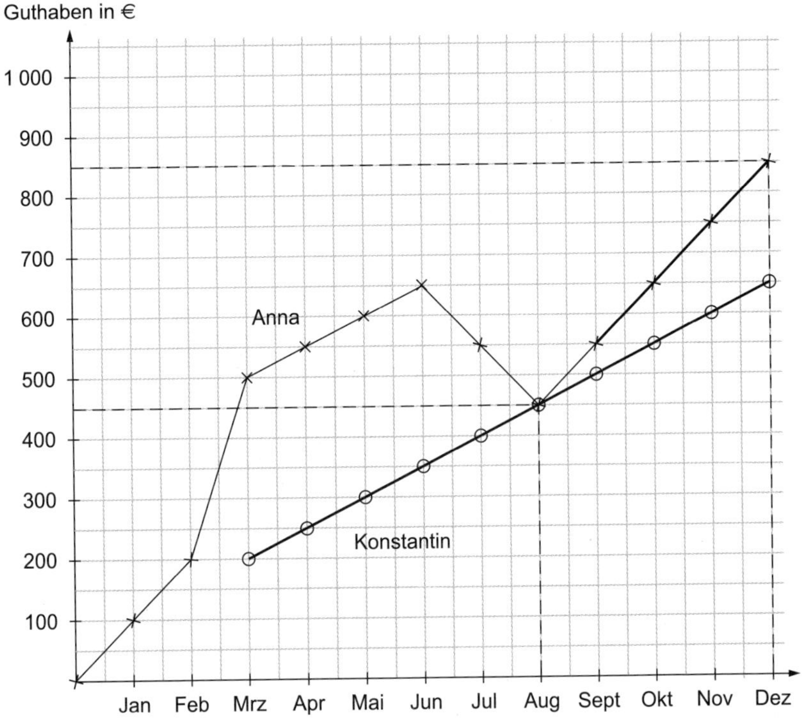

Konstantin hat **Ende August** genauso viel Geld wie Anna.

3. a) Lege ein geeignetes Koordinatensystem mit der Einheit 1 cm an.
x-Achse: –4 cm bis +4 cm; y-Achse: –4 cm bis +4 cm
Trage dann die Punkte A, B und C ein und verbinde sie. Der erste Wert der Koordinaten ist der x-Wert (Rechtswert), der zweite Wert ist der y-Wert (Hochwert).

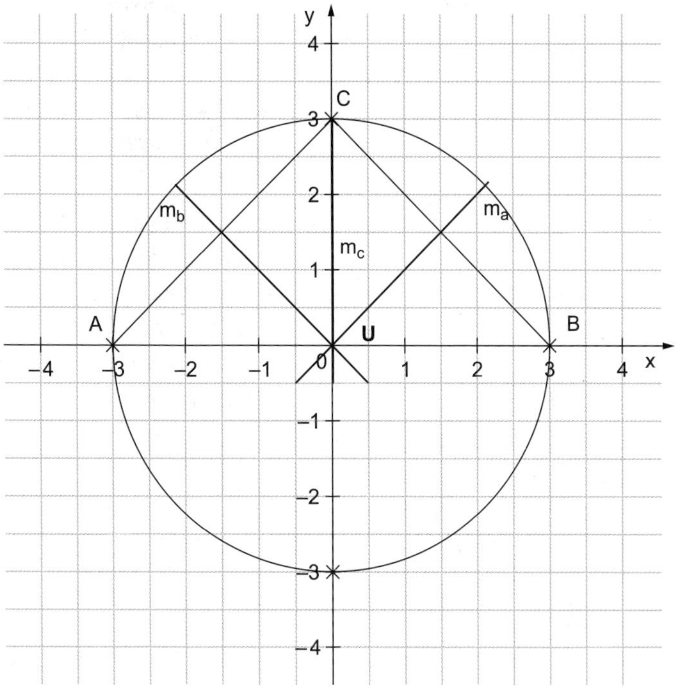

b) Umfang des Kreises:

$u = 2 \cdot \pi \cdot r$

$u = 2 \cdot \pi \cdot 3\text{ cm}$

$u \approx 18{,}8\text{ cm}$

Der Umfang des Kreises beträgt rund 18,8 cm.

Hauptschulabschlussprüfung in Baden-Württemberg
Lösungen Mathematik 2020

Teil A 1 – Pflichtteil (hilfsmittelfrei)

1. „Zum Doppelten" ⇒ **2·**
„Addieren" ⇒ **+**

☐ $2+4x$ ☐ $x+2+4$ ☒ $2x+4$ ☐ $2x+4x$

2. „Übersetze" die Brüche in Dezimalzahlen:
$\frac{1}{3}=0,\overline{3}$ $\frac{3}{4}=0,75$
Du kannst jede Zahl zwischen $0,\overline{3}$ und 0,75 angeben.

Mögliche Lösung:
0,35 und **0,6**

Alternativ:

Wähle Brüche zwischen den beiden Zahlen. Sie müssen größer als $\frac{1}{3}$ und kleiner als $\frac{3}{4}$ sein.

Mögliche Lösung:
$\mathbf{\frac{2}{3}}$ und $\mathbf{\frac{1}{2}}$

3. Überprüfe durch einen Überschlag, ob dein Ergebnis stimmt.
Es gibt mehrere Möglichkeiten. Wichtig ist, dass beide Zahlen zusammen 3 Stellen hinter dem Komma haben.

Mögliche Lösung:
1,54 · 71,5

Überschlag: $1{,}5 \cdot 70 = 105$
Das genaue Ergebnis muss etwas größer sein, weil du beide Zahlen abgerundet hast. Es liegt zwischen 110 und 120.

4. Der Rabatt beträgt 90,00 € – 67,50 € = 22,50 €.
90,00 € entsprechen 100 %.
9 € entsprechen 10 %.
4,50 € entsprechen 5 %.
22,50 € entsprechen also 25 %.

Der Preis wurde um **25 %** reduziert.

5. Berechne den Umfang des gleichseitigen Dreiecks: $3\text{ cm} \cdot 3 = 9\text{ cm}$
Für den Umfang eines Rechtecks gilt: $u = 2(a + b)$
Finde 2 Werte, die addiert 4,5 cm ergeben.

Mögliche Lösung:

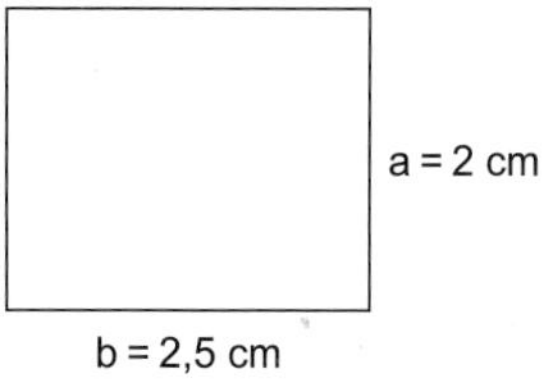

Es sind viele andere Lösungen möglich.
Addiere zur Kontrolle die Längen der 4 gezeichneten Seiten deines Vierecks.

6. Teile den Körper in bekannte Teilkörper. Berechne beispielsweise zunächst das Volumen des ganzen Würfels. Subtrahiere den fehlenden Teil.

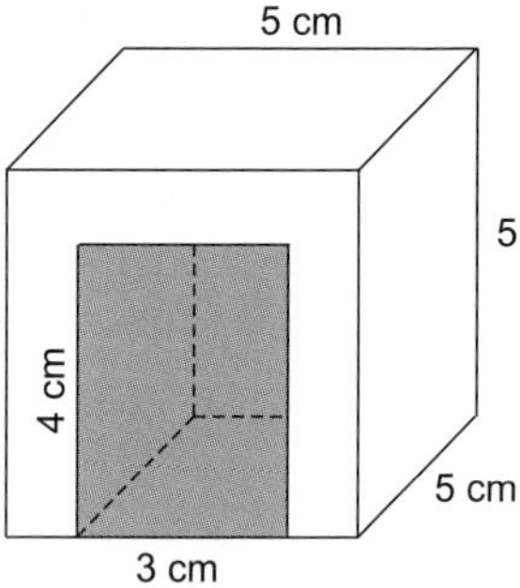

ganzer Würfel:
$V_W = 5\text{ cm} \cdot 5\text{ cm} \cdot 5\text{ cm} = 125\text{ cm}^3$

fehlender Quader:
$V_Q = 3\text{ cm} \cdot 4\text{ cm} \cdot 5\text{ cm} = 60\text{ cm}^3$

Restkörper:
$V = V_W - V_Q$
$V = 125\text{ cm}^3 - 60\text{ cm}^3 = 65\text{ cm}^3$

Das Volumen des Körpers beträgt **65 cm³**.

7. Die relative Häufigkeit berechnet sich jeweils, indem man die Anzahl der Schülerinnen und Schüler mit Hund durch die Gesamtanzahl der Schülerinnen und Schüler in der Klasse dividiert.

relative Häufigkeit in Klasse 9 a:
$\frac{6}{30} = \frac{1}{5} = 0{,}2 = 20\,\%$

relative Häufigkeit in Klasse 9 b:
$\frac{5}{20} = \frac{1}{4} = 0{,}25 = 25\,\%$

In **Klasse 9 b** ist die relative Häufigkeit, dass eine Schülerin/ein Schüler einen Hund besitzt, größer.

8. Tom:
hintere Reihe: 6 Würfel
mittlere Reihe: 5 Würfel
vordere Reihe: 3 Würfel
6 Würfel + 5 Würfel + 3 Würfel = 14 Würfel

Tom: **14** Würfel

Lisa:
hintere Reihe: 7 Würfel
mittlere Reihe: 7 Würfel
vordere Reihe: 4 Würfel
7 Würfel + 7 Würfel + 4 Würfel = 18 Würfel

Lisa: **18** Würfel

9. Berechne zuerst die Anzahl der Reisenden. Verteile dann die Reisenden auf die Boote mit je 12 Sitzplätzen.

2 Busse zu je 48 Sitzplätzen:
$2 \cdot 48 = 96$
Insgesamt werden also 96 Reisende auf die Boote verteilt.

Boote mit 12 Sitzplätzen:
$96 : 12 = 8$

Es werden mindestens **8 Boote** benötigt.

10. Lies die einzelnen Werte in der Grafik ab. Beachte die Skalierung und die Beschriftung der Achsen.

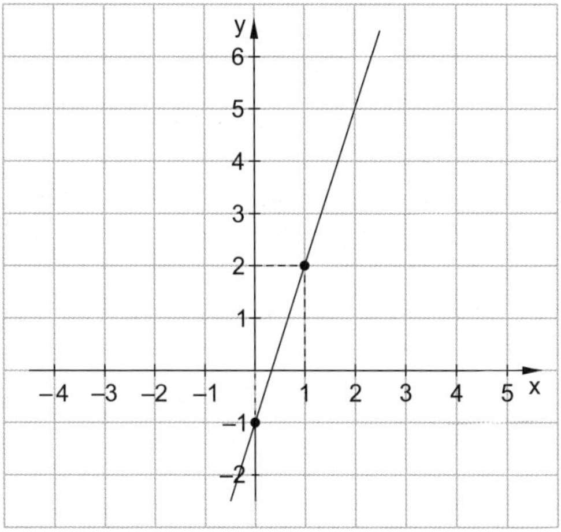

Wertetabelle:

x	–2	0	**1**	3
y	–7	**–1**	2	8

Teil A 2 – Pflichtteil

1. Miss die Höhe der Löwin am gegebenen Pfeil.
Der Maßstab 1 : 40 bedeutet, dass 1 cm in Wirklichkeit 40 cm entspricht.
Multipliziere deine gemessene Höhe daher mit 40.

$2{,}9\text{ cm} \cdot 40 = 116\text{ cm}$

Die Löwin ist in Wirklichkeit **116 cm** hoch.

2.
- Berechne zuerst, wie viel die Fußballbekleidung in Geschäft A ohne Preisnachlass kostet. Ziehe davon 25 % Rabatt ab.

  $80\text{ €} + 40\text{ €} + 20\text{ €} = 140\text{ €}$

  Lösung mit dem **Dreisatz**:

  $100\,\% \mathrel{\hat{=}} 140\text{ €}$
  $1\,\% \mathrel{\hat{=}} 1{,}40\text{ €}$
  $25\,\% \mathrel{\hat{=}} 35\text{ €}$

  $140\text{ €} - 35\text{ €} = 105\text{ €}$

  Lösung mit der **Formel**:

  $$P = \frac{G \cdot p}{100}$$

  $$P = \frac{140\text{ €} \cdot 25}{100}$$

  $P = 35\text{ €}$

  $140\text{ €} - 35\text{ €} = 105\text{ €}$

  In Geschäft A kostet die Fußballbekleidung 105 €.

  Geschäft B:
  $60\text{ €} + 25\text{ €} + 15\text{ €} = 100\text{ €}$

  In **Geschäft B** muss Tim weniger bezahlen.

- Berechne zuerst den ursprünglichen Preis in Geschäft B.

  $80\text{ €} + 40\text{ €} + 20\text{ €} = 140\text{ €}$

  Lösung mit dem **Dreisatz**:

  $140\text{ €} \mathrel{\hat{=}} 100\,\%$
  $1\text{ €} \mathrel{\hat{=}} 100\,\% : 140$
  $100\text{ €} \mathrel{\hat{=}} 100\,\% : 140 \cdot 100 \approx 71{,}4\,\%$

  $100\,\% - 71{,}4\,\% = 28{,}6\,\%$

Lösung mit der **Formel**:

$$p\,\% = \frac{P \cdot 100}{G}\,\%$$

$$p\,\% = \frac{100\,€ \cdot 100}{140\,€}\,\%$$

$$p\,\% \approx 71{,}4\,\%$$

$$100\,\% - 71{,}4\,\% = 28{,}6\,\%$$

Er hat **28,6 %** gespart.

3. Berechne zuerst, welche Strecke die ISS bei einer Umdrehung um die Erde zurücklegt. Dazu musst du den Umfang des Kreises berechnen, dessen Radius sich aus dem Radius der Erde und der Flughöhe der ISS zusammensetzt.

$$r_{ISS} = r_{Erde} + h_{ISS} = 6\,371\text{ km} + 365\text{ km} = 6\,736\text{ km}$$

$$u_{ISS} = 2 \cdot \pi \cdot r_{ISS}$$
$$u_{ISS} = 2 \cdot \pi \cdot 6\,736\text{ km}$$
$$u_{ISS} = 42\,323{,}5\text{ km}$$

Eine Umdrehung dauert 91 Minuten.

Geschwindigkeit der ISS:

$$91\text{ min} \mathrel{\hat{=}} 42\,323{,}5\text{ km}$$
$$1\text{ min} \mathrel{\hat{=}} 42\,323{,}5\text{ km} : 91$$
$$60\text{ min} \mathrel{\hat{=}} 42\,323{,}5\text{ km} : 91 \cdot 60 \approx 27\,906\text{ km}$$

Die ISS legt in 60 Minuten **27 906 km** zurück.

4. Die Länge eines Seils wird mit dem Satz des Pythagoras berechnet. Es handelt sich dabei um die Hypotenuse im rechtwinkligen Dreieck.

$$c^2 = a^2 + b^2$$
$$c^2 = (490\text{ cm})^2 + (1\,260\text{ cm})^2$$
$$c^2 = 1\,827\,700\text{ cm}^2 \qquad |\sqrt{\ }$$
$$c \approx 1\,351{,}92\text{ cm}$$

Die Länge von 2 Seilen beträgt:

$$2 \cdot 1\,351{,}92\text{ cm} = 2\,703{,}84\text{ cm} \approx 27{,}04\text{ m}$$

Es wird mindestens **27,04 m** Seil benötigt.

5. Benenne die Personen z. B. mit A, B, C, D, E und F.
Person A schüttelt 5 Personen die Hand (Person B, C, D, E und F).
Person B schüttelt danach noch 4 Personen die Hand (Person C, D, E und F).
Person C schüttelt danach noch 3 Personen die Hand (Person D, E und F).
Person D schüttelt danach noch 2 Personen die Hand (Person E und F).
Person E schüttelt danach noch 1 Person die Hand (Person F).
Addiere nun: $5+4+3+2+1=15$

Es werden **15-mal** Hände geschüttelt.

Teil B – Wahlteil

1. a) Berechne zuerst das gesamte Volumen des Zylinders.
Bestimme anschließend 95 % davon.

$V = \pi \cdot r^2 \cdot h$
$V = \pi \cdot (35\text{ cm})^2 \cdot 50\text{ cm}$
$V \approx 192\,422{,}55\text{ cm}^3$

Lösung mit dem **Dreisatz**:

$100\,\% \mathrel{\hat{=}} 192\,422{,}55\text{ cm}^3$
$1\,\% \mathrel{\hat{=}} 192\,422{,}55\text{ cm}^3 : 100$
$95\,\% \mathrel{\hat{=}} 192\,422{,}55\text{ cm}^3 : 100 \cdot 95 \approx 182\,801\text{ cm}^3$

Lösung mit der **Formel**:

$$P = \frac{G \cdot p}{100}$$

$$P = \frac{192\,422{,}55\text{ cm}^3 \cdot 95}{100}$$

$P \approx 182\,801\text{ cm}^3$

Alternativ:

Du kannst auch sofort 95 % von der Höhe bestimmen und dann das Volumen berechnen.

95 % von 50 cm sind 47,5 cm.

$V = \pi \cdot r^2 \cdot h$
$V = \pi \cdot (35\text{ cm})^2 \cdot 47{,}5\text{ cm}$
$V \approx 182\,801\text{ cm}^3$

Es befinden sich **182 801 cm³** Wasser im Behälter.

b) $210\,\ell = 210\text{ dm}^3$
Das Volumen eines Quaders wird mit der Formel $V = a \cdot b \cdot c$ berechnet. Gesucht sind also 3 Zahlen, die miteinander multipliziert 210 dm^3 ergeben. Kein Maß darf dabei kleiner als 20 cm = 2 dm sein.
Probiere aus.

$2\text{ dm} \cdot 5\text{ dm} \cdot 21\text{ dm} = 210\text{ dm}^3$

Mögliche Lösung:
a = **2 dm**; b = **5 dm**; c = **21 dm**

2. a) Fertige eine Skizze an und markiere die gegebenen Werte farbig. Zeichne zuerst Seite $c = 6$ cm. Zeichne in A den Winkel $\alpha = 80°$ ein. Miss auf dem freien Schenkel von α die Länge der Seite b ab und du erhältst C.

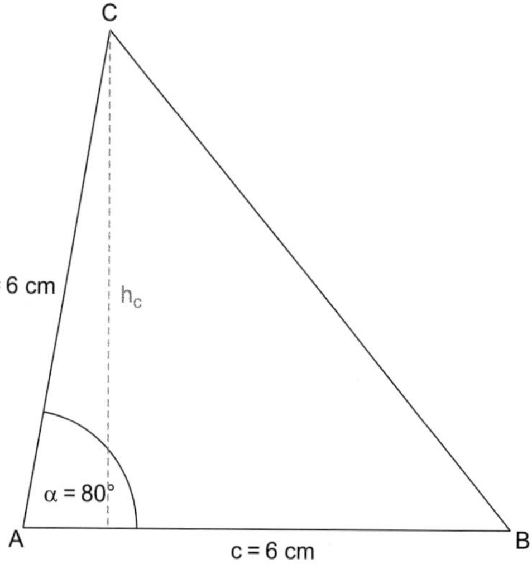

Da das Dreieck ein gleichschenkliges Dreieck ist, kannst du die fehlenden Winkel berechnen. Die Winkelsumme im Dreieck beträgt 180°. *Alternativ* kannst du die Winkel auch in deiner Zeichnung abmessen.

$\beta = \gamma = (180° - 80°) : 2 = \mathbf{50°}$

b) Um den Flächeninhalt deines gezeichneten Dreiecks berechnen zu können, benötigst du die Länge einer Seite und die dazugehörige Höhe. Zeichne die Höhe zu c oder b ein. Miss die Länge der Höhe ab.

$$A_{Dreieck} = \frac{c \cdot h_c}{2}$$

$$A_{Dreieck} = \frac{6\text{ cm} \cdot 5{,}8\text{ cm}}{2}$$

$$A_{Dreieck} = \mathbf{17{,}4\ cm^2}$$

Wenn dein Ergebnis zwischen 17,4 cm^2 und 18 cm^2 liegt, hast du richtig gezeichnet und richtig gerechnet.

Berechne, wie lang die Höhe h_c sein muss, wenn gilt:
$c = 10$ cm und $A = 17{,}4$ cm²

$$A = \frac{c \cdot h_c}{2} \qquad | \cdot 2$$

$$2 \cdot A = c \cdot h_c \qquad | : c$$

$$\frac{2 \cdot A}{c} = h_c$$

$$h_c = \frac{2 \cdot 17{,}4\ \text{cm}^2}{10\ \text{cm}}$$

$$h_c = 3{,}48\ \text{cm} \approx 3{,}5\ \text{cm}$$

Zeichne die Seite $c = 10$ cm und zeichne an einer **beliebigen** Stelle die Höhe $h_c = 3{,}5$ cm ein. Du erhältst den Eckpunkt C.
Verbinde die Punkte A und B mit dem Eckpunkt C.

Mögliche Lösung:

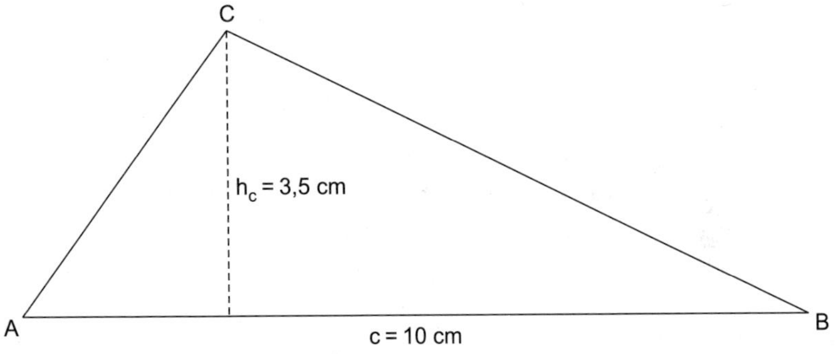

Wenn deine Höhe zwischen 3,4 cm und 3,7 cm lang ist, hast du richtig gezeichnet.

3. a) Firma Schnell hat als einzige Firma einen Grundpreis von 90 €. Also muss Graph 2 zu Firma Schnell gehören, da dieser Graph bei 90 € auf der y-Achse startet.
Firma Flott hat keinen Grundpreis. Also muss Graph 3 zu Firma Flott gehören, da dieser Graph im Ursprung startet.
Firma Eilig hat eine einmalige Gebühr, unabhängig von der gefahrenen Strecke („Flatrate“). Dazu passt Graph 1.
Um die passenden Wertetabellen zuordnen zu können, ist es am einfachsten, wenn du einen Punkt der Tabelle in der Grafik abliest.

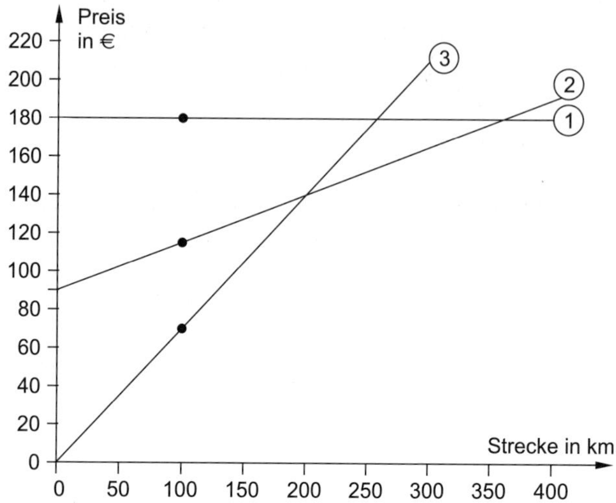

Firma Schnell	Firma Flott	Firma Eilig
Graph 2	Graph 3	Graph 1
Wertetabelle C	Wertetabelle B	Wertetabelle A

b) • Lies aus der Grafik bei 230 km ab, welcher Graph am niedrigsten ist. Dies ist das günstigste Angebot.
Es sind verschiedene Begründungen möglich.

Firma Schnell mit Graph 2 ist am günstigsten, weil dieser Graph beim Wert 230 km am niedrigsten ist.

• Aus der Grafik kannst du ablesen, dass sich die Klasse 10 b nur für Angebot 3 (Firma Flott) entscheiden kann. Alle anderen Angebote sind teurer als 80 €. Jetzt kannst du ausrechnen, wie viele Kilometer gefahren werden können.

$$80\,€ : 0{,}70\,\frac{€}{\text{km}} \approx 114\text{ km}$$

Die Klasse 10 b kann maximal **114 km** zurücklegen.

Hauptschulabschlussprüfung in Baden-Württemberg
Lösungen Mathematik 2021

Teil A 1 – Pflichtteil (hilfsmittelfrei)

1. Mache einen Überschlag, um das richtige Ergebnis zu bestimmen. Runde die Zahlen vorher sinnvoll, z. B.: $31\,232{,}5 : 3{,}1 \approx 31\,000 : 3{,}1 = 10\,000$ Da die erste Zahl abgerundet wurde, muss das genaue Ergebnis ein wenig größer sein.

$31\,232{,}5 : 3{,}1 =$

☐ 100,75 ☐ 1 007,5 ☒ 10 075 ☐ 10 750

2. Berechne zuerst, wie viel Liter insgesamt vorhanden sind. Dividiere das Ergebnis dann durch $\frac{1}{4}$. Beachte dabei: Division durch einen Bruch bedeutet Multiplikation mit dem Kehrwert.

$$2\frac{1}{2}\,\ell \cdot 3 = \frac{5}{2}\,\ell \cdot 3 = \frac{15}{2}\,\ell$$

$$\frac{15}{2}\,\ell : \frac{1}{4}\,\ell = \frac{15}{\not{2}} \cdot \not{4}^{2} = 30$$

Man kann **30 Gläser** damit füllen.

oder:

Du kannst alle Zahlen in Dezimalzahlen umwandeln und dann berechnen:

$$2\frac{1}{2}\,\ell = 2{,}5\,\ell = 2\,500\,m\ell \qquad \frac{1}{4}\,\ell = 0{,}25\,\ell = 250\,m\ell$$

$2\,500\,m\ell \cdot 3 = 7\,500\,m\ell$
$7\,500\,m\ell : 250\,m\ell = 30$

Man kann **30 Gläser** damit füllen.

3. Löse zuerst die Multiplikationsaufgabe. Wandle das Ergebnis dann in eine Zehnerpotenz um. Zähle dazu die Anzahl der Stellen, die durch die Zehnerpotenz dargestellt werden. Die Hochzahl gibt die Anzahl der Stellen an.

$3\,700\,000 \cdot 100 = 370\,000\,000$

z. B. $\mathbf{3{,}7 \cdot 10^8}$ ⇒ 8 Stellen werden durch die Zehnerpotenz dargestellt.
oder: $\mathbf{37 \cdot 10^7}$ ⇒ 7 Stellen werden durch die Zehnerpotenz dargestellt.
oder: $\mathbf{370 \cdot 10^6}$ ⇒ 6 Stellen werden durch die Zehnerpotenz dargestellt.

Alle anderen Potenzdarstellungen sind als Lösung ebenfalls möglich.

4. Wenn alles um 75 % reduziert wurde, kostet es nur noch 25 % des ursprünglichen Preises. Berechne, wie viel die Schuhe dann kosten müssten.

$25\,\% = \frac{1}{4} \quad \Rightarrow \quad \frac{1}{4}$ von $120\,€ = 120\,€ : 4 = 30\,€$

Die Schuhe müssten 30 € kosten, kosten aber 40 €.

Die Aussage **stimmt nicht**.

oder:

Berechne, um wie viel Prozent die Schuhe reduziert wurden.

40 € von 120 € entspricht $\frac{40}{120} = \frac{1}{3} \approx 33\,\%$.

Die Schuhe wurden nicht um 75 %, sondern um ca. 67 % reduziert.

Die Aussage **stimmt nicht**.

Andere Begründungen sind ebenfalls möglich.

5. Löse zuerst die Klammer auf der linken Seite auf, indem du jedes Element in der Klammer mit der Zahl vor der Klammer multiplizierst. Fasse auf der rechten Seite zusammen.
Forme die Gleichung dann schrittweise so um, dass die gesuchte Variable allein auf einer Seite steht, und berechne den Wert für x.

$$4 \cdot (3x - 2) = 8x + 7 - 6x - 10$$
$$12x - 8 = 2x - 3 \qquad |-2x$$
$$10x - 8 = -3 \qquad |+8$$
$$10x = 5 \qquad |:10$$
$$\mathbf{x = 0{,}5}$$

Du kannst das Ergebnis zusätzlich mit der Probe überprüfen.
Setze für $x = 0{,}5$ ein und berechne.

$$4 \cdot (3 \cdot 0{,}5 - 2) = 8 \cdot 0{,}5 + 7 - 6 \cdot 0{,}5 - 10$$
$$4 \cdot (-0{,}5) = 4 + 7 - 3 - 10$$
$$-2 = -2$$

6. Füge das Netz im Kopf zum abgebildeten Quader zusammen und überlege dir, wie die beiden Diagonalen verlaufen müssen. Es gibt 2 Möglichkeiten.

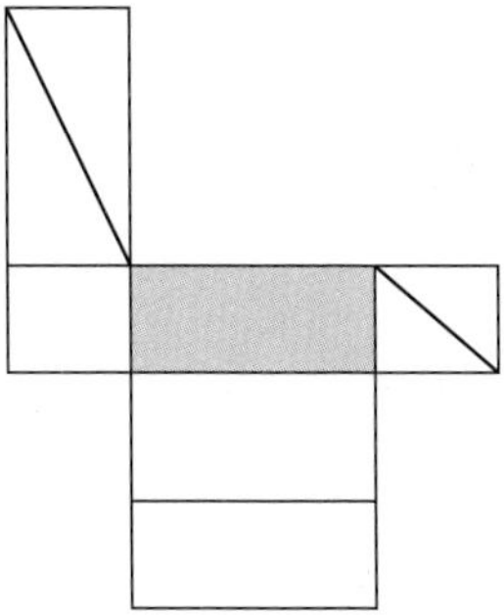

oder:

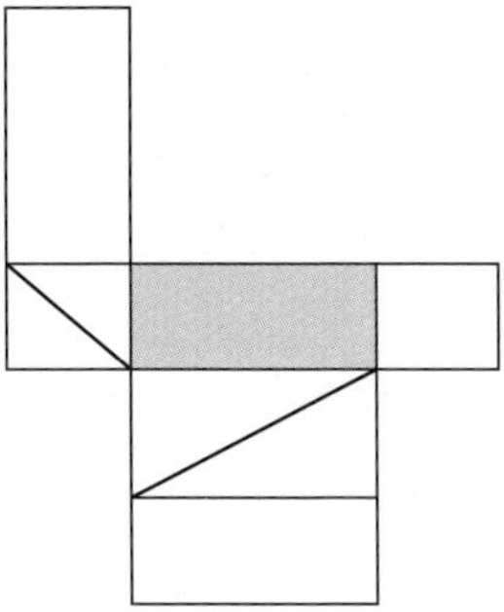

7. Vergleiche die Längen der Grundseiten und der Höhen.

Die Formel zur Berechnung des Flächeninhalts eines Parallelogramms lautet: $A = a \cdot h$

Da alle Parallelogramme gleich hoch und deren Grundseiten gleich lang sind, müssen die Flächeninhalte **gleich groß** sein.

oder:

Berechne alle Flächeninhalte, indem du die Länge der jeweiligen Grundseite und der Höhe durch Messen ermittelst.

$A = a \cdot h$

$A = 2\text{ cm} \cdot 3{,}1\text{ cm} = 6{,}2\text{ cm}^2$

Alle Flächeninhalte sind **gleich groß**.

8. Bilde für jede Note das zugehörige „Produkt“, indem du die Anzahl mit dem Wert der Note multiplizierst. Addiere dann die Werte. Dividiere die Summe durch die Anzahl aller Noten.

$2 \cdot 1 = 2$ $3 \cdot 2 = 6$ $7 \cdot 3 = 21$ $3 \cdot 4 = 12$ $2 \cdot 5 = 10$

$2 + 6 + 21 + 12 + 10 = 51$

$51 : 17 = 3$

Der Durchschnitt beträgt **3**.

9. Berechne zuerst, wie viel Prozent jede Farbe ausmacht. Zeichne dann die Balken entsprechend lang ein.

rot: $\frac{25}{50} = \frac{1}{2} = 50\ \%$ grün: $\frac{10}{50} = \frac{1}{5} = 20\ \%$ gelb: $\frac{15}{50} = \frac{3}{10} = 30\ \%$

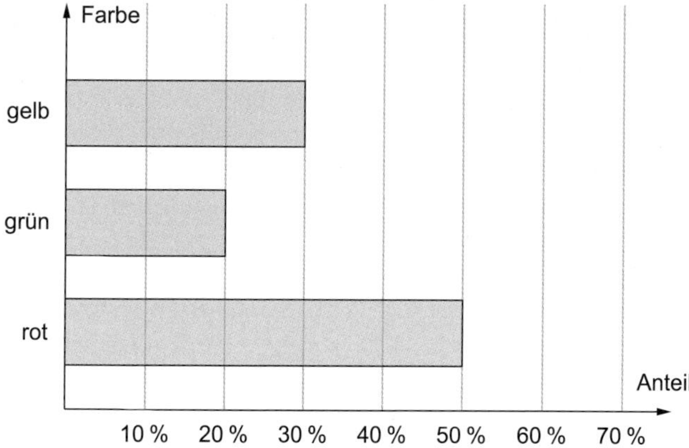

10. Bei einer proportionalen Zuordnung gilt: „Je mehr …, desto mehr …"
In dieser Aufgabe bedeutet das: „Je mehr Schrauben, desto höher ist das Gewicht."
Um die Anzahl der Schrauben bei einem Gewicht von 20 g zu berechnen, benötigst du den Dreisatz.

30 g ≙ 120 Schrauben
10 g ≙ 40 Schrauben
20 g ≙ 80 Schrauben

Gewicht in g	20	30	**60**
Anzahl der Schrauben	**80**	120	240

(30 → 60: ·2; 120 → 240: ·2)

Teil A 2 – Pflichtteil

1. Bestimme zuerst die Anzahl der verwendeten Papierbecher. Jeder gezeichnete Becher entspricht 100 Millionen echten Bechern. Berechne dann 70 % davon mit dem Dreisatz oder mit der Formel.

$17 \cdot 100\,000\,000 = 1\,700\,000\,000$

Lösung mit dem **Dreisatz**:
100 % ≙ 1 700 000 000 Papierbecher
10 % ≙ 170 000 000 Papierbecher
70 % ≙ 1 190 000 000 Papierbecher

Lösung mit der **Formel**:

$$P = \frac{G \cdot p}{100} = \frac{1\,700\,000\,000 \cdot 70}{100} = 1\,190\,000\,000$$

Es werden jährlich **1 190 000 000 (1,19 Mrd.) Plastikdeckel** verwendet.

2. Berechne zuerst den Oberflächeninhalt der quadratischen Pyramide. Die Oberfläche besteht aus 4 gleichen Dreiecken und der quadratischen Grundfläche.

$$O_{\text{Pyramide}} = A_{\text{Grundfläche}} + 4 \cdot A_{\text{Dreieck}}$$

$$A_{\text{Grundfläche}} = a \cdot a$$
$$A_{\text{Grundfläche}} = 10\text{ cm} \cdot 10\text{ cm}$$
$$A_{\text{Grundfläche}} = 100\text{ cm}^2$$

$$A_{\text{Dreieck}} = \frac{a \cdot h_a}{2}$$
$$A_{\text{Dreieck}} = \frac{10\text{ cm} \cdot 7\text{ cm}}{2}$$
$$A_{\text{Dreieck}} = 35\text{ cm}^2$$

$$O_{\text{Pyramide}} = 100\text{ cm}^2 + 4 \cdot 35\text{ cm}^2$$
$$O_{\text{Pyramide}} = 240\text{ cm}^2$$

Die Oberfläche des Würfels beträgt ebenfalls 240 cm^2. Die Oberfläche besteht aus 6 gleich großen Quadraten. Gesucht ist die Fläche eines Quadrats.

$240\text{ cm}^2 : 6 = 40\text{ cm}^2$

Die schraffierte Fläche beträgt **40 cm²**.

3. Du kannst das Dreieck zeichnen. Miss dann nach, ob ein Winkel 90° hat.
Mache vorher eine Skizze und markiere die gegebenen Werte farbig, damit du dich orientieren kannst.

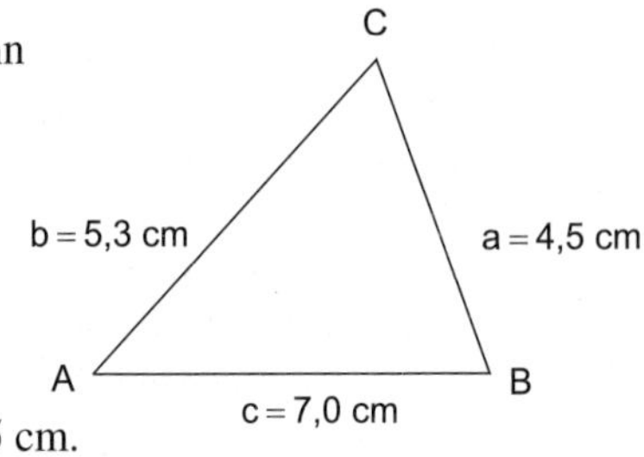

Konstruktionsschritte:
1. Zeichne die Seite c = 7 cm.
2. Zeichne um B einen Kreis mit r = a = 4,5 cm.
3. Zeichne um A einen Kreis mit r = b = 5,3 cm.
4. Der Schnittpunkt der beiden Kreise ergibt den Punkt C.
5. Verbinde A und C sowie B und C.

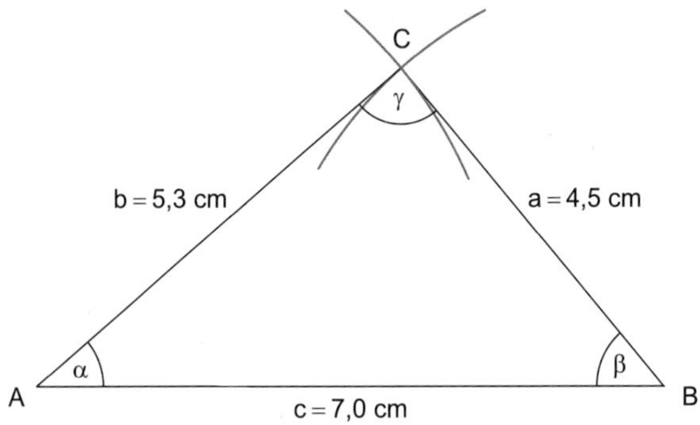

Thorsten hat **nicht recht**. Kein Winkel beträgt 90°, das Dreieck ist also nicht rechtwinklig.

oder:

Du kannst den Satz des Pythagoras verwenden, um zu überprüfen, ob ein Dreieck rechtwinklig ist. Überprüfe dazu, ob die Formel $a^2 + b^2 = c^2$ gilt. Die längste Seite müsste die Hypotenuse sein.

$$(4{,}5\text{ cm})^2 + (5{,}3\text{ cm})^2 \stackrel{?}{=} (7\text{ cm})^2$$

$$20{,}25\text{ cm}^2 + 28{,}09\text{ cm}^2 \stackrel{?}{=} 49\text{ cm}^2$$

$$48{,}34\text{ cm}^2 \neq 49\text{ cm}^2$$

Thorsten hat **nicht recht**. Der Satz des Pythagoras gilt nicht, das Dreieck ist also nicht rechtwinklig.

4. • Ordne die Angebote den passenden Graphen zu:
Angebot 1 hat als einzige Firma eine Bearbeitungsgebühr von 45 €. Der Graph kann daher nicht im Ursprung beginnen.
Bei Angebot 2 handelt es sich um eine proportionale Zuordnung (es gilt: je mehr …, desto mehr …).
Bei Angebot 3 sind die Kosten abhängig von der Stückzahl, der Graph muss also unterschiedlich steil verlaufen.

Angebot **1** gehört zu Diagramm **B**.

Angebot **2** gehört zu Diagramm **A**.

Angebot **3** gehört zu Diagramm **C**.

• Berechne alle Angebote und vergleiche anschließend.

Angebot 1:
Kosten für die Flyer: $1\,000 \cdot 0{,}39 \text{ €} = 390 \text{ €}$
Kosten gesamt: $45 \text{ €} + 390 \text{ €} = 435 \text{ €}$

Angebot 2:
$1\,000 \cdot 0{,}45 \text{ €} = 450 \text{ €}$

Angebot 3:
Kosten für die Flyer 1 bis 500: $500 \cdot 0{,}49 \text{ €} = 245 \text{ €}$
Kosten für die Flyer 501 bis 1 000: $500 \cdot 0{,}39 \text{ €} = 195 \text{ €}$

Kosten gesamt: $245 \text{ €} + 195 \text{ €} = 440 \text{ €}$

Angebot 1 ist mit 435 € am günstigsten.

5. • Kombiniere jede Zehnerzahl mit jeder Einerzahl („jeder mit jedem“) und schreibe die möglichen Kombinationen geordnet auf.

26, 27, 29
36, 37, 39
46, 47, 49

• Es gibt insgesamt 9 Möglichkeiten. Zähle ab, wie viele der Möglichkeiten eine gerade Zahl bilden.

Gerade Zahlen: 26, 36, 46

$$\text{Wahrscheinlichkeit} = \frac{\text{Anzahl der geraden Zahlen}}{\text{Anzahl aller Zahlen}} = \mathbf{\frac{3}{9}} = \mathbf{\frac{1}{3}} \approx \mathbf{0{,}33 = 33\ \%}$$

Teil B – Wahlteil

1. a) Miss zuerst im Kreisdiagramm, wie groß der Sektor für „Marke" ist. Damit kannst du bestimmen, wie viele Personen 1° im Kreisdiagramm entsprechen.
Miss dann, wie groß der Sektor für „Preis" ist.

$135° \mathrel{\hat{=}} 270$ Personen (Marke)
$1° \mathrel{\hat{=}} 2$ Personen
$195° \mathrel{\hat{=}} 390$ Personen (Preis)

390 der befragten Personen achten beim Kauf von Kleidung auf den Preis.

b) Miss zuerst die Längen der gestrichelten Linien und addiere. Berechne dann die tatsächliche Länge, indem du den Maßstab berücksichtigst. 1 : 500 bedeutet, dass 1 cm auf dem Blatt 500 cm in Wirklichkeit entspricht. Achte auf die Einheiten.

Länge in der Zeichnung:
$2\text{ cm} + 5\text{ cm} + 7{,}5\text{ cm} + 1{,}5\text{ cm} = 16\text{ cm}$

Länge in Wirklichkeit:
$16\text{ cm} \cdot 500 = 8\,000\text{ cm} = 800\text{ dm} = 80\text{ m}$

Anzahl der benötigten Zaunstücke:
$80\text{ m} : 2{,}50\text{ m} = 32$

Gesamtpreis:
$32 \cdot 62{,}50\text{ €} = 2\,000\text{ €}$

Der Zaun kostet **2 000 €**.

2. a) Überlege, wie du die Form verändern kannst, sodass der Umfang gleich bleibt, aber die Fläche möglichst groß wird. Alle Seiten müssen dafür möglichst lang sein.

Um die größtmögliche Fläche zu erhalten, müssen die Zaunteile zu einem **Quadrat mit der Seitenlänge 10 Zaunelemente** gesteckt werden.

Du kannst auch eine Skizze anfertigen, aus der deutlich wird, dass jede Seitenlänge aus 10 Zaunelementen besteht.

b) Berechne zuerst die Fläche der Dachform 1. Sie besteht aus 8 gleichen Dreiecken. Ein Dreieck hat die Höhe $h_a = 4{,}82\ \text{m} : 2 = 2{,}41\ \text{m}$ und die Grundseite $a = 2\ \text{m}$.

$$A_{\text{Dreieck}} = \frac{a \cdot h_a}{2}$$

$$A_{\text{Dreieck}} = \frac{2\ \text{m} \cdot 2{,}41\ \text{m}}{2}$$

$$A_{\text{Dreieck}} = 2{,}41\ \text{m}^2$$

$$A_{\text{ges}} = 8 \cdot A_{\text{Dreieck}}$$

$$A_{\text{ges}} = 8 \cdot 2{,}41\ \text{m}^2$$

$$A_{\text{ges}} = 19{,}28\ \text{m}^2$$

Dachform 2 (Trapez) hat denselben Flächeninhalt. Dieser wird mit folgender Formel berechnet:

$$A_{\text{Trapez}} = \frac{a+c}{2} \cdot h$$

Die Länge $h = x$ ist gesucht. Stelle die Formel so um, dass h allein steht, und setze die gegebenen Werte ein.

$$A_{\text{Trapez}} = \frac{a+c}{2} \cdot h \quad \Big| \cdot 2$$

$$2 \cdot A_{\text{Trapez}} = (a+c) \cdot h \quad \Big| : (a+c)$$

$$\frac{2 \cdot A_{\text{Trapez}}}{a+c} = h$$

$$\frac{2 \cdot 19{,}28\ \text{m}^2}{5\ \text{m} + 2\ \text{m}} = h$$

$$h \approx 5{,}5\ \text{m}$$

Die Länge x beträgt rund **5,5 m**.

3. a) Zeichne dir ein mögliches Glücksrad auf, z. B. das hier abgebildete. Alle Teile müssen gleich groß sein. Überprüfe Aussage für Aussage.

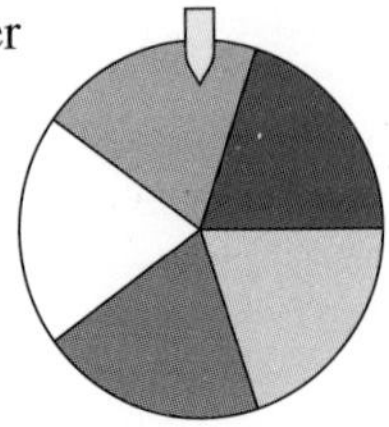

1. Je mehr Flächen es sind, desto kleiner ist jede Fläche.
2. Da alle Flächen gleich groß sind, ist auch die Wahrscheinlichkeit für jede Fläche gleich groß.
3. Die Wahrscheinlichkeit wird für jeden Dreh neu berechnet und ist nicht abhängig davon, was zuvor gedreht wurde.
4. $12{,}5\ \% = \frac{1}{8}$

Aussage	**wahr**	**falsch**
Je mehr Flächen es sind, umso größer ist die Wahrscheinlichkeit, eine bestimmte Farbe zu drehen.	☐	☒
Die Wahrscheinlichkeit jeder Farbe ist gleich groß.	☒	☐
Eine gewünschte Farbe ist lange nicht gedreht worden. Die Wahrscheinlichkeit, diese Farbe beim nächsten Mal zu drehen, ist nun höher.	☐	☒
Wenn die Wahrscheinlichkeit, eine Farbe zu drehen, bei 12,5 % liegt, dann ist das Glücksrad in 8 Flächen unterteilt.	☒	☐

b) Die zusammengesetzte Fläche besteht aus einem Rechteck und einem gleichschenkligen Trapez.

$$A_{ges} = A_{Rechteck} + A_{Trapez}$$

$$A_{Rechteck} = a \cdot b$$
$$A_{Rechteck} = 22\ \text{cm} \cdot 14{,}5\ \text{cm}$$
$$A_{Rechteck} = 319\ \text{cm}^2$$

$$A_{Trapez} = \frac{a+c}{2} \cdot h$$

Die Höhe des Trapezes ist nicht gegeben. Sie lässt sich mit dem Satz des Pythagoras berechnen.

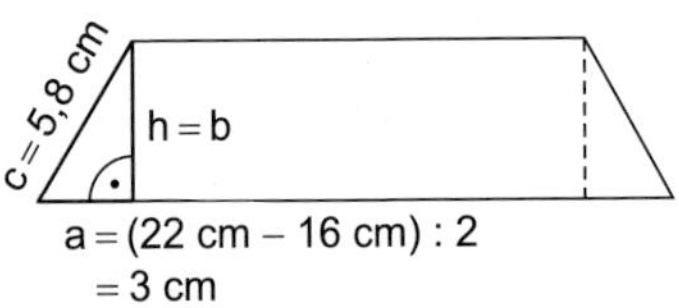

$$c^2 = a^2 + b^2 \quad |-a^2$$
$$c^2 - a^2 = b^2$$
$$(5{,}8\text{ cm})^2 - (3\text{ cm})^2 = b^2$$
$$24{,}64\text{ cm}^2 = b^2 \quad |\sqrt{}$$
$$b \approx 4{,}96\text{ cm}$$

$$A_{Trapez} = \frac{a+c}{2} \cdot h$$
$$A_{Trapez} = \frac{22\text{ cm} + 16\text{ cm}}{2} \cdot 4{,}96\text{ cm}$$
$$A_{Trapez} = 94{,}24\text{ cm}^2$$

$$A_{ges} = 319\text{ cm}^2 + 94{,}24\text{ cm}^2$$
$$A_{ges} = 413{,}24\text{ cm}^2$$

Der Flächeninhalt der zusammengesetzten Fläche beträgt rund **413 cm²**.

4. a) Berechne beide Angebote und vergleiche. Du kannst den Dreisatz oder den Wachstumsfaktor verwenden. Beachte, dass die Zinsen nach jedem Jahr zum Kapital dazukommen.

Bank A – Lösung mit dem **Dreisatz**:

1. Jahr:

$100\ \% \mathrel{\hat{=}} 1\,850\ €$
$1\ \% \mathrel{\hat{=}} 18{,}50\ €$
$0{,}9\ \% \mathrel{\hat{=}} 16{,}65\ €$

2. Jahr: neues Kapital: 1 850 € + 16,65 € = 1 866,65 €

$100\ \% \mathrel{\hat{=}} 1\,866{,}65\ €$
$1\ \% \mathrel{\hat{=}} 18{,}67\ €$
$0{,}9\ \% \mathrel{\hat{=}} 16{,}80\ €$

3. Jahr: neues Kapital: 1 866,65 € + 16,80 € = 1 883,45 €

$100\ \% \mathrel{\hat{=}} 1\,883{,}45\ €$
$1\ \% \mathrel{\hat{=}} 18{,}83\ €$
$0{,}9\ \% \mathrel{\hat{=}} 16{,}95\ €$

Am Ende bekommt Simone bei Bank A
1 883,45 € + 16,95 € = 1 900,40 €.

Bank B – Lösung mit dem **Dreisatz**:

1. Jahr:

$100\,\% \mathrel{\hat{=}} 1\,850\ €$

$1\,\% \mathrel{\hat{=}} 18{,}50\ €$

$0{,}4\,\% \mathrel{\hat{=}} 7{,}40\ €$

2. Jahr: neues Kapital: $1\,850\ € + 7{,}40\ € = 1\,857{,}40\ €$

$100\,\% \mathrel{\hat{=}} 1\,857{,}40\ €$

$1\,\% \mathrel{\hat{=}} 18{,}57\ €$

$1{,}1\,\% \mathrel{\hat{=}} 20{,}43\ €$

3. Jahr: neues Kapital: $1\,857{,}40\ € + 20{,}43\ € = 1\,877{,}83\ €$

$100\,\% \mathrel{\hat{=}} 1\,877{,}83\ €$

$1\,\% \mathrel{\hat{=}} 18{,}78\ €$

$1{,}3\,\% \mathrel{\hat{=}} 24{,}41\ €$

Am Ende bekommt Simone bei Bank B
$1\,877{,}83\ € + 24{,}41\ € = 1\,902{,}24\ €$.

Bank A – Lösung mit dem **Wachstumsfaktor**:

$100\,\% + 0{,}9\,\% = 100{,}9\,\% = 1{,}009$

Guthaben nach drei Jahren:
$1\,850\ € \cdot 1{,}009 \cdot 1{,}009 \cdot 1{,}009 \approx 1\,900{,}40\ €$

Bank B – Lösung mit dem **Wachstumsfaktor**:

1. Jahr: $100\,\% + 0{,}4\,\% = 100{,}4\,\% = 1{,}004$
2. Jahr: $100\,\% + 1{,}1\,\% = 101{,}1\,\% = 1{,}011$
3. Jahr: $100\,\% + 1{,}3\,\% = 101{,}3\,\% = 1{,}013$

Guthaben nach drei Jahren:
$1\,850\ € \cdot 1{,}004 \cdot 1{,}011 \cdot 1{,}013 \approx 1\,902{,}24\ €$

Berechne nun den Zinsunterschied.

Der Zinsunterschied beträgt $1\,902{,}24\ € - 1\,900{,}40\ € = 1{,}84\ €$.

Bei **Bank B** erhält Simone nach 3 Jahren **1,84 € mehr Zinsen**.

b) • Zeichne das Dreieck mit den angegebenen Maßen. Mache vorher eine Skizze und markiere die gegebenen Werte farbig, damit du dich orientieren kannst.

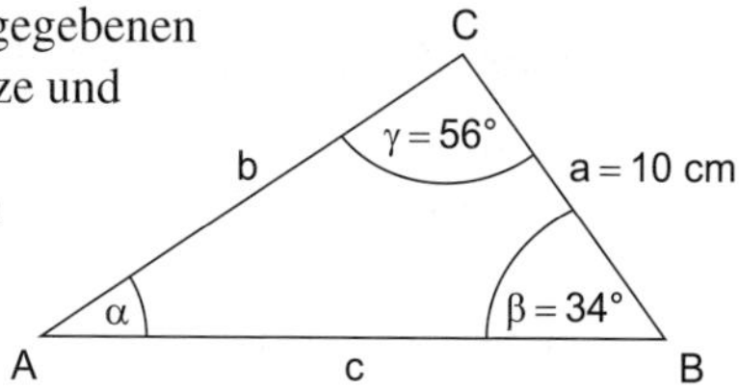

Konstruktionsschritte:
1. Zeichne die Seite $a = 10$ cm.
2. Trage in B den Winkel $\beta = 34°$ ab.
3. Trage in C den Winkel $\gamma = 56°$ ab.
4. Der Schnittpunkt der beiden Schenkel ergibt Punkt A.

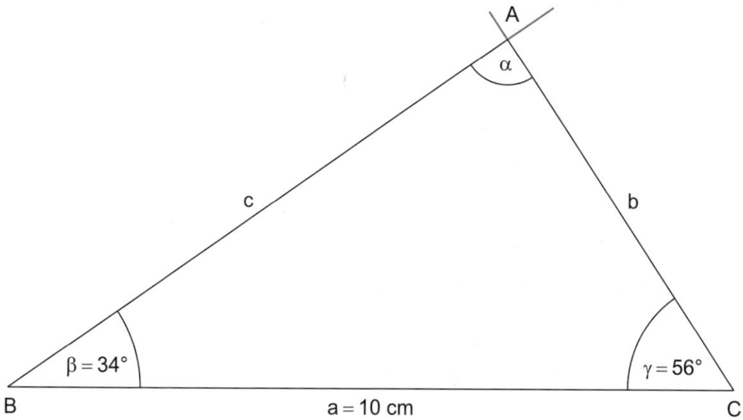

• In einem gleichseitigen Dreieck betragen alle Innenwinkel 60°. Die Winkelhalbierenden teilen die Winkel jeweils in 30°-Winkel, sodass 3 gleichschenklige Dreiecke entstehen. Die Winkelsumme im Dreieck beträgt 180°.

$\delta = 180° - 2 \cdot 30° = 120°$
δ beträgt also **120°**.

oder:

Der Innenwinkel im Kreis beträgt 360°. Die Winkelhalbierenden teilen den Kreis in 3 gleich große Teile.

$\delta = 360° : 3 = 120°$
δ beträgt also **120°**.

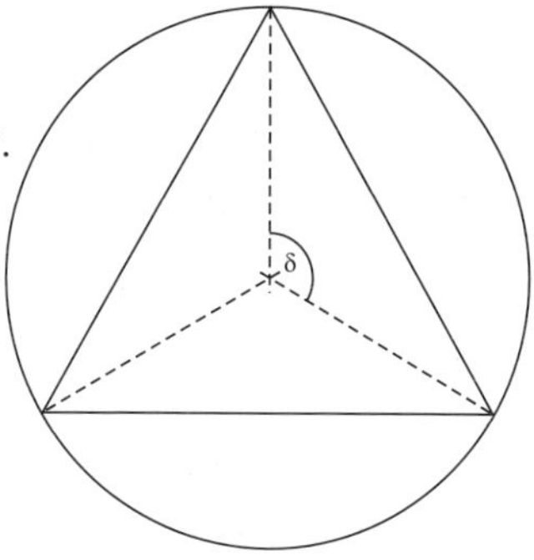

Hauptschulabschlussprüfung in Baden-Württemberg
Lösungen Mathematik 2022

Um dir die Lösungen zur Prüfung 2022 schnellstmöglich zur Verfügung stellen zu können, bringen wir sie in digitaler Form heraus.
Sobald die Original-Prüfungsaufgaben 2022 zur Veröffentlichung freigegeben sind, können die Lösungen als PDF auf der Online-Plattform *MyStark* heruntergeladen werden (Zugangscode vorne im Buch).

Prüfung 2022

www.stark-verlag.de/mystark

Übungsaufgabe 1 im Stil der Hauptschulabschlussprüfung
Lösungsvorschläge Deutsch

Teil A1

Textverständnis

1. a) Heranwachsende leiden unter Stimmungsschwankungen. – **richtig**
   b) Sie begehen Straftaten. – **falsch**
   c) Sie sind unordentlich. – **richtig**
   d) Sie wollen mit ihren Eltern nichts mehr zu tun haben. – **falsch**

   Hinweis: *Die richtigen Lösungen findest du im Text an diesen Stellen:* ***a:*** *vgl. Z. 56;* ***c:*** *vgl. Z. 51/52*

2. Sie haben viel Testosteron im Blut.
   Sie kommen früh in die Pubertät.

   Hinweis: *vgl. Z. 31–33*

3. Die Schule, nörgelnde Eltern, blöde Mitschüler, die erste Liebe

   Hinweis: *vgl. Z. 49/50 – Wichtig: Laut Aufgabenstellung geht es nicht um die Gründe dafür, warum Jugendliche leicht gestresst sind, sondern um die Anlässe dafür, also darum, worauf sie gestresst reagieren.*

4. Die Jugendlichen haben die Phase der Kindheit hinter sich und befinden sich auf dem Weg ins Erwachsenenalter. Allerdings wissen sie noch nicht, wie das Leben der Erwachsenen aussieht.

   Hinweis: *Es handelt sich um ein sprachliches Bild. Mit dem „neuen Land" ist das Leben der Erwachsenen gemeint, das die Jugendlichen gerade ansteuern.*

Sprachgebrauch

1. a) Schl**ä**gereien: wegen „schlagen".
   b) Übe**rr**aschung: Man untergliedert das Wort in Sprechsilben: „Ü-ber-ra-schung".
   c) Kontro**ll**e: Nach kurz gesprochenem Vokal wird der nachfolgende Konsonant verdoppelt.
   d) Abschie**d**: Man verlängert das Wort, indem man den Plural bildet: Abschiede.

Hinweis:
Schlägereien: Man sucht nach einem anderen Wort aus der gleichen Wortfamilie, das mit a geschrieben wird. Dann weiß man, dass man das Wort „Schlägereien“ mit ä schreibt.
Überraschung: Wenn man das Wort Überraschung in Silben zerlegt, kann man hören, dass man in der Mitte zwei r schreiben muss.
Kontrolle: Nach kurzem Vokal wird der nachfolgende Konsonant aber nur dann verdoppelt, wenn kein weiterer (anderer) Konsonant folgt. Eine Ausnahme liegt vor, wenn der Doppelkonsonant zum Wortstamm gehört (z. B. „fallen“ – „fällt“).
Abschied: Im Auslaut klingen die Buchstaben b, d und g immer hart („Auslautverhärtung“). Indem man das Wort verlängert, macht man den richtigen Buchstaben am Wortende hörbar („Abschied“ – „Abschiede“).

2. *Mögliche Lösung:*
   a) Konjunktion: und (Z. 1)
   b) Präposition: bis (Z. 6)
   c) Artikel: das (Z. 10)
   d) Pronomen: diese (Z. 15)

   ***Hinweis:** Zur Erinnerung: **Konjunktionen** sind Bindewörter. Meist verbinden sie Sätze miteinander. Sie können aber auch Wörter verbinden. **Präpositionen** geben an, wie das Verhältnis zwischen zwei Dingen (oder Personen) aussieht. Beispiel: Befindet sich einer von ihnen auf, neben, zwischen oder unter dem anderen? **Artikel** sind Begleitwörter von Nomen. Es gibt bestimmte Artikel (der, die, das) und unbestimmte Artikel (ein, eine). **Pronomen** sind entweder Begleiter oder Stellvertreter für Nomen (oder andere Wörter). Beispiele: die Frau – sie (Stellvertreter eines Nomens); dieses Kleid (Begleiter eines Nomens) – Du kannst zu jeder Wortart natürlich auch andere Beispielwörter notiert haben.*

3. a) Jugendliche**,** die in der Pubertät sind**,** verunsichern Erwachsene oft durch ihr ungewohntes Verhalten.
   b) Da fragen sich die Eltern**,** wo das liebe Kind ist**,** das gestern noch bereitwillig Küsse und Kekse verschenkt hat.

   ***Hinweis:** Du musst in jedem Satz die fehlenden Kommas einfügen. In Satz a wird ein eingeschobener Relativsatz durch Kommas vom Hauptsatz abgetrennt. In Satz b folgt nach dem Hauptsatz ein Nebensatz, der durch Komma abgetrennt werden muss. Und nach dem Nebensatz gibt es noch einen weiteren Nebensatz (wieder einen Relativsatz), der vom vorangehenden Nebensatz auch durch Komma abgetrennt wird.*

4. a) Einige Jugendliche **sind** regelmäßig mit ihren Müttern wegen ihrer Kleidung in Streit **geraten**.
   b) Häufig **widerspricht** der Geschmack ihrer Eltern ihren eigenen Vorlieben.
   c) Eines Tages **werden** sich die Eltern und ihre Kinder wieder **vertragen**.

Hinweis: *Denke daran, dass einteilige Prädikate in Aussagesätzen immer auf der Position des zweiten Satzglieds stehen (Satz b). Zweiteilige Prädikate bilden eine Satzklammer: Das gebeugte Verb steht auf der Position des zweiten Satzglieds, und der zweite Teil des Prädikats rückt ans Satzende (Satz a, Satz c).*

Teil A 2

Matthias Brandt: „Blackbird"

1. Als Motte Bogi das erste Mal im Krankenhaus besucht, sitzt vor dem Fenster eine Amsel im Baum. Motte fragt Bogi, was Amsel auf Englisch heißt. Bisher kannte Motte zwar das Lied „Blackbird", wusste aber nicht, dass das „Amsel" bedeutet.
   Auf Bogis Beerdigung wird „Blackbird" gespielt – eines von Bogis Lieblingsliedern.

   Hinweis: *Du könntest als Lösung auch den „Blackbirdfielder" genannt haben – so nennt Bogi den Amselfelder Wein, den er besorgt hat und den Motte und Bogi auf der Turnierfahrt gemeinsam trinken wollen (vgl. S. 8).*
   Der Song „Blackbird" stammt von den Beatles.

2. Seine Eltern lassen sich scheiden.
   Sein bester Freund ist unerwartet schwer krank geworden.
   Das Mädchen, in das er verliebt ist, hält ihn zum Narren.

   Hinweis: *Sein Vater hat eine Freundin, mit der er zusammenziehen will. Deshalb muss Motte das Haus, in dem er aufgewachsen ist, verlassen und mit seiner Mutter in eine Wohnung umziehen. – Sein Freund ist an Krebs erkrankt. – Jacqueline lässt sich von ihm ins Kino einladen, bringt aber ihren Freund zu der Vorstellung mit.*

3. a) Bogi: Er ist Mottes bester Freund.
   b) Claudia Hunger-Löper: Sie ist die neue Freundin von Mottes Vater.
   c) Jacqueline Schmiedebach: Sie ist das Mädchen, in das Motte sich unglücklich verliebt hat.
   d) Stefanie Fuchs: Sie ist eine frühere Mitschülerin von Motte. Nach einigen Begegnungen werden die beiden ein Paar.

   Hinweis zu a: *In Wirklichkeit heißt er Manfred Gunnar Schnellstieg. Motte ist seit Jahren täglich mit ihm zusammen.* **Zu b:** *Sie ist der Grund dafür, dass sich Mottes Eltern scheiden lassen.* **Zu c:** *Sie ist einmal mit ihrem Fahrrad an Motte vorbeigefahren. Da fand er sie so schön, dass er sich auf Anhieb in sie verliebt hat.* **Zu d:** *Sie war zusammen mit ihm in der Grundschule. Jetzt lässt sie sich zur Schornsteinfegerin ausbilden.*

4. Motte schreibt einen Brief an Jacqueline, weil er sie als Freundin für sich gewinnen will. Er hat aber keine Erfahrung damit, wie man Kontakt zu einem Mädchen aufnimmt. Deshalb ist er unsicher und weiß nicht, was er ihr sagen könnte. Es kostet ihn viel Mühe, ihr zu verstehen zu geben, dass er sie kennenlernen möchte. Das erkennt man schon in seinem Entwurf für diesen Brief: Da gibt es viele Stellen, die er wieder durchgestrichen und korrigiert hat.

   Hinweis: *Aus Unsicherheit will er den Brief auch nicht per Post verschicken. Stattdessen gibt er ihn seinem Freund Walki, dessen Schwester dieselbe Schule besucht wie Jacqueline. Sie soll ihr den Brief geben.*

5. Die Musik spielt eine große Rolle für Motte und seine Freunde. Motte hat das Gefühl, dass der Klang der Musik ihn einhüllen und sogar trösten kann, und das ganz ohne Worte. Als eines Tages ein moderner Plattenladen in der Stadt eröffnet, sind die Teenager, die in dem Ort wohnen, sehr begeistert. Sie gehen sofort dorthin, um sich eine neue Platte zu kaufen. Dass Musik eine große Bedeutung für Motte und seine Freunde hat, zeigt sich auch daran, wie er den Ablauf von Bogis Begräbnis beschreibt: Er kommentiert praktisch jedes Musikstück, das dort gespielt wird.

   Hinweis: *Seit seine Eltern beschlossen haben, sich scheiden zu lassen, will seine Mutter „dauernd Gespräche führen" (S. 53). Das stört ihn. Einmal läuft er nach dem Heimkommen schnell die Treppe hoch, um nicht von ihr „vollgelabert zu werden" (S. 55). Er geht in sein Zimmer, stellt seine Musik an und legt sich aufs Bett. Das beruhigt ihn. Er sagt sich: „Die Musik tat gut. Musik wollte nichts von mir. Sie war einfach so da und legte sich um mich herum." (S. 55) An den Kommentaren, die er zu den einzelnen Musikstücken abgibt, ist auch zu erkennen, dass die Vorliebe für eine bestimmte Art von Musik Jugendliche miteinander verbindet oder auch voneinander trennt.*

6. *So könnte ein möglicher Tagebucheintrag aussehen:*
   Was bin ich bloß für ein Hornochse! Da habe ich mir solche Mühe gegeben, um Kontakt zu Jacqueline zu kriegen, und dann das!
   Erst dachte ich doch glatt, sie würde mich auch mögen. Sie war ja auch sofort bereit, mit mir ins Kino zu gehen. Und sie hat mich gleich beim ersten Mal zum Abschied geküsst! Natürlich dachte ich, im Kino würde es so weitergehen.
   Ich hatte schon ewig auf sie gewartet, als sie endlich auftauchte, komischerweise mit so 'nem Typen, den ich noch nie gesehen hatte. Dämlicherweise dachte ich, den hätte sie zufällig in der U-Bahn getroffen. Aber nein – er war

extra mitgekommen! Jacqueline sagte, er heiße Callum, sei ein Austauschschüler aus England und würde gern mit ins Kino gehen. Und ich Idiot war auch noch damit einverstanden und habe für uns alle die Kinokarten bezahlt.

Endlich fing der Film an. Nach einer Weile schaute ich zu Jacqueline hin, aber die beachtete mich gar nicht. Sie guckte nur auf die Leinwand. Und als ich versuchte, ihre Hand anzufassen, zog sie sie weg. Irgendwann kriegte ich mit, dass sie Callum küsste! Und dann sah ich, wie dieser Kerl sogar mit seiner Hand unter ihren Pullover ging! Da hat's mir gereicht! Ich stand auf, quetschte mich an den beiden vorbei und ging weg.

Künftig werde ich einen anderen Weg zur Schule nehmen, damit sie mir nicht wieder begegnet! Ich will sie nie wieder sehen. Wie konnte ich nur so blöd sein, mir einzubilden, Jacqueline und ich würden ein Paar werden.

(249 Wörter)

Hinweis: *Stelle dir vor, dass Motte in seinem Tagebucheintrag im Rückblick die Gedanken und Gefühle beschreibt, die ihn rund um den Kinobesuch bewegen. Wähle eine Sprache, die zur Ausdrucksweise des Ich-Erzählers passt. Du kannst also ruhig hin und wieder umgangssprachliche Formulierungen verwenden.*

Teil A 2

Mirjam Pressler: „Nathan und seine Kinder"

1. Jerusalem
   12. Jahrhundert

   Hinweis: *Es ist zwar auch noch von anderen Orten die Rede. Die werden aber nur im Rückblick erwähnt. Die eigentliche Handlung spielt in Jerusalem. – Das Geschehen findet zur Zeit der Kreuzzüge statt, und zwar im Jahr 1192.*

2. a) richtig
   b) richtig
   c) falsch
   d) falsch
   e) richtig

   Hinweis zu a: *Nathan handelt mit vielen verschiedenen Gütern; das hat ihn reich gemacht.* ***Zu b:*** *Recha wurde ihm von einem Klosterbruder gebracht, als sie ein Säugling war; seitdem nimmt sie in seinem Hause die Rolle seiner Tochter ein.* ***Zu c:*** *Dajas Aufgabe ist es, Recha zu erziehen und ihr Gesellschaft zu leisten. Außerdem ist sie die heimliche Geliebte Nathans.* ***Zu d:*** *Er ist bei einem Onkel aufgewachsen. Seine Mutter hat ihn als Säugling ihrem Bruder anvertraut, um ihrem Mann ins Heilige Land folgen zu können. Seither hat man nie wieder etwas* *von seinen Eltern gehört.* **Zu e:** *Al-Hafi hat einmal gesagt, für den Sultan sei Geld nicht mehr wert als Sand. Deshalb sei er auch großzügig zu Bittstellern: Wer zu ihm komme und ihn um Geld bitte, dem gebe er etwas.*

3. Als der Tempelritter ein Kind war, wurde ihm regelmäßig gesagt, dass er anders ist als andere; zugleich wurde ihm gezeigt, dass man kein Vertrauen in ihn hatte. Deshalb meinte er, immer besondere Leistungen zeigen zu müssen.

   Hinweis: *Er fühlte sich als Kind immer ausgegrenzt und hat sehr darunter gelitten.*

4. Er hat Recha aus dem brennenden Haus gerettet. Da hatte sie das Gefühl, dass er ein Engel sei. Auch sein weißer Mantel, den er trug, hat wohl dazu beigetragen, dass sie glaubte, ein Engel habe sie gerettet.

   Hinweis: *Später lässt Recha sich überzeugen, dass es kein Engel war, der sie gerettet hat, sondern der Tempelritter.*

5. Der Tempelritter hat den Sultan vom Aussehen her an seinen Bruder Assad erinnert, der seit Langem verschollen ist. Deshalb hat er ihn verschont.

   Hinweis: *Assad war der Lieblingsbruder des Sultans.*

6. Der Patriarch hat erfahren, dass der Tempelritter vom Sultan begnadigt wurde und sich seither in Jerusalem frei bewegen darf. Das soll der Tempelritter nutzen, um die Kriegspläne von Saladins Truppen zu erkunden. Am liebsten wäre es dem Patriarchen, wenn es dem Tempelritter gelingen würde, den Sultan zu töten. Der weigert sich aber, dem Sultan zu schaden, da Saladin ihm das Leben geschenkt hat. Auf keinen Fall würde er ihn töten.

   Hinweis: *Der Patriarch behauptet, der Tempelritter würde sich damit in den Dienst Gottes stellen, und weist ihn darauf hin, dass das seine Pflicht wäre. Für diesen wäre es mit seiner Ehre als Kreuzritter aber nicht zu vereinbaren, wenn er seinen Wohltäter verraten oder gar töten würde.*

7. *Mögliche Lösung für einen inneren Monolog:*
   Seit ich weiß, dass Recha keine Jüdin ist, lässt mir das keine Ruhe mehr. Ich hatte mich gleich in sie verliebt. „Am liebsten würde ich sie heiraten", dachte ich. Aber das wäre nicht gegangen. Als Christ dürfte ich keine Jüdin heiraten. – Aber in Wirklichkeit ist sie ja eine Christin! Oder etwa doch nicht …? Einerseits ist Recha bei einem Juden groß geworden. Mit der jüdischen Religion ist sie also vertraut. Andererseits ist sie eine gebürtige Christin. Aber kennt sie sich überhaupt mit dem Christentum aus? Was bedeutet das? Ist sie nun Christin oder Jüdin? Wen könnte ich da bloß um Rat

fragen? Natürlich, den Patriarchen! Der muss es wissen – dachte ich wenigstens.
Also ging ich zu ihm. Hätte ich das bloß nicht getan! Zum Glück hab' ich Nathans Namen nicht genannt. Trotzdem hat er geahnt, dass der Jude, von dem ich sprach, in Jerusalem wohnen muss. Er wollte gleich wissen, wer dieser Mann war. Und warum? Weil er meinte, der habe ein Verbrechen begangen! Dafür würde er den Tod verdienen. So redete er ohne Ende. Unglaublich! Ich war schockiert! Zum Glück habe ich es irgendwann geschafft, mich zu verabschieden – ohne Nathans Namen zu nennen. Nicht auszudenken, wenn …
Am besten gehe ich jetzt zum Sultan. Bestimmt schickt der Patriarch seine Spione aus. Aber die dürfen Nathan nicht ausfindig machen. Auf keinen Fall! Saladin kann das sicher verhindern. Er ist der mächtigste Mann in Jerusalem. Ich werde ihm einfach die ganze Geschichte erzählen. Also – auf in den Palast! *(244 Wörter)*

Hinweis: *Bei einem inneren Monolog stellst du die Gedanken einer Person so dar, wie sie ihr durch den Kopf gehen. Das bedeutet: Es kann zwischendurch Gedankensprünge geben. Die Sätze müssen auch nicht immer vollständig sein. Wenn es sich anbietet, kannst du ab und zu Fragen oder Ausrufe einfügen*

Aufgabe 1: Erörterung

***Hinweis:** Wie du beim Schreiben der Erörterung vorgehen sollst, kannst du den Arbeitsanweisungen entnehmen. Du brauchst die einzelnen **Teilaufträge** nur **der Reihe nach** auszuführen. Allerdings musst du dir vorher überlegen, welche **Argumente** du anführen willst – und in welcher **Reihenfolge**. Beginne mit dem **schwächsten Argument** und steigere dich, hin zum **stärksten Argument**. Deine Darstellung wirkt so für die Leser*innen am überzeugendsten, weil sie deine wichtigsten Überlegungen am Ende lesen. Auch führt dein letztes Argument dann direkt zu dem Ergebnis hin, mit dem du deinen Text beschließt.*
*Achte beim Ausführen der einzelnen Argumente darauf, dass du **nicht nur Behauptungen** aufstellst, sondern diese auch **begründest**. Bei deinen Begründungen solltest du dich sowohl auf Informationen aus dem Text beziehen als auch eigene Erfahrungen und Gedanken mit einbringen. Veranschauliche deine Überlegungen anhand von passenden **Beispielen**.*

Lösungsvorschlag:

Einleitung
Bezugnahme auf den Text: Beschreibung der Besonderheiten in dieser Familie

In dem Text „Warum wohnt man mit 28 noch bei Mama und Papa?“ von Larissa Rehbock beschreibt die Verfasserin das Zusammenleben einer Familie. Das Besondere daran ist: Die drei Söhne sind alle schon über 20 Jahre alt und wohnen trotzdem noch bei ihren Eltern. Der Älteste, Tom, ist sogar schon 28 Jahre alt. Er hat seine Ausbildung zum Elektriker längst abgeschlossen, könnte es sich also leisten, sich eine eigene Wohnung zu nehmen. Aber das will er nicht. Was ist davon zu halten?

Hinführung zur Fragestellung

Hauptteil
Argument 1
Kinder müssen sich nach wie vor von Eltern beobachtet fühlen

Wenn Kinder immer noch bei ihren Eltern leben, auch wenn sie selbst schon erwachsen sind, gibt es natürlich ein Problem: Sie werden sich ständig beobachtet fühlen, auch wenn die Eltern großzügig sind und ihnen vieles erlauben, was sie ihnen früher verboten hätten. Richtig frei entfalten und sich ausprobieren können sie nicht. Das ist auch am Beispiel der Familie zu erkennen, deren Alltag die Autorin beschreibt: Wenn ihr ältester Sohn abends noch einmal weggeht, machen sie sich immer noch Sorgen um ihn.

Argument 2
Junge Erwachsene, die noch bei ihren Eltern leben, werden von Gleichaltrigen nicht ernst genommen

Wer als junger Erwachsener nach wie vor bei den Eltern lebt, wird von Gleichaltrigen auch nicht recht ernst genommen. Die verstehen es nicht, dass jemand, der schon auf die 30 zugeht, immer noch bei Mama und Papa wohnt. Die drei Söhne dieser Familie scheinen deshalb auch Schwierigkeiten beim anderen Geschlecht zu haben: Keiner von ihnen hat eine Freundin. Anscheinend finden Mädchen es seltsam, wenn ein junger Mann in diesem Alter noch nicht auf eigenen Beinen steht.

Vor allem aber: Ein junger Mensch, der auch nach Ende seiner Ausbildung im Elternhaus wohnen bleibt, wird nie richtig selbstständig. Das sieht man auch am Beispiel Toms: Seine Eltern erledigen alles für ihn: Sie kaufen ein, waschen seine Wäsche, vereinbaren Termine beim Zahnarzt für ihn usw. Wie soll er da jemals lernen, für sich selbst verantwortlich zu sein? Selbst Tom gesteht ein, dass er sich manchmal unselbstständig fühlt.

Argument 3
Wer nach Ende seiner Ausbildung noch bei den Eltern wohnt, wird nicht richtig selbstständig

Deshalb finde ich es falsch, wenn man länger als nötig bei den Eltern wohnen bleibt. Als junger Mensch sollte man eigene Erfahrungen machen, eigene Entscheidungen treffen und die Verantwortung für sein Leben selbst übernehmen. Irgendwann ist die Zeit gekommen, dass man von zu Hause ausziehen sollte. Meines Erachtens ist das dann, wenn man sein eigenes Geld verdient, also nach Abschluss der Berufsausbildung. *(370 Wörter)*

Schluss
Ergebnis: eigene Meinung, Hauptbegründung

Aufgabe 2: Textbeschreibung Lyrik

Hinweis: *Befolge beim Schreiben genau die Arbeitsanweisungen.*

- *Beginne mit den üblichen Angaben (**Textsorte, Titel, Autor**) und bestimme dann das **Thema**. Äußere dich in dem Zusammenhang auch gleich zur **äußeren Form**. Bedenke, dass das Gedicht aus zwei Abschnitten zu jeweils vier Strophen besteht – wobei die vierte Strophe mit sechs Versen jeweils am längsten ist, da die anderen Strophen nur aus vier Versen bestehen.*
- *Ordne danach den **Sprecher** einer Gruppe zu (den Jüngeren oder den Älteren) und bestimme diejenigen, an die er seine Worte richtet.*
- *Stelle dann dar, wie das **Verhältnis zwischen beiden Gruppen** aussieht. Beziehe dich dabei auf Textstellen. Vergiss nicht die Zeilenangabe (genauer: die Angabe des Verses).*
- *Um die **Besonderheiten der Gestaltung** zu beschreiben, gehst du als Erstes auf das Reimschema ein. Dabei gibt es eine Schwierigkeit: In den kürzeren Strophen, die aus nur vier Versen bestehen, liegt ein Kreuzreim vor; dagegen ist das Reimschema in den längeren Strophen quasi in Unordnung geraten. Am besten stellst du das Reimschema dort mithilfe von Buchstaben dar. Du brauchst dafür nur drei Buchstaben: a, b und c.*
- *Wähle dann aus dem Text **sprachliche Bilder** aus, die deiner Meinung nach aussagekräftig sind. Zitiere sie wörtlich und äußere dich zu deren Sinn.*
- *Äußere dich am Schluss zu den **Konsequenzen**, die der lyrische Sprecher aus seinen Erfahrungen mit den Erwachsenen zieht. Aussagen dazu findest du in den längeren Strophen am Ende der beiden Abschnitte.*

Lösungsvorschlag:

In dem Gedicht „Die Jugend hat das Wort“ setzt sich Erich Kästner kritisch mit dem Verhalten der Erwachsenen auseinander, das diese während und nach der NS-Zeit gezeigt haben. Das Gedicht besteht aus zwei Abschnitten zu je vier Strophen. In beiden Abschnitten haben die ersten drei Strophen jeweils vier Verse, die vierte Strophe fällt mit sechs Versen etwas aus dem Rahmen.

Einleitung
Textsorte, Titel, Autor
Thema
formaler Aufbau des Gedichts

Der Sprecher, ein junger Mensch, wendet sich direkt an die Erwachsenen. Er macht ihnen Vorwürfe wegen ihres früheren Verhaltens: Noch ein Jahr zuvor hätten sie dem Diktator zugejubelt („Vor einem Jahr schriet ihr noch ‚Heil!‘“, V. 6), jetzt würden sie plötzlich die neue Zeit loben. Das findet er unglaubwürdig: „Man staunt, wenn ihr jetzt ‚Freiheit‘ predigt“ (V. 7).

Hauptteil
Bestimmen des Sprechers und seines Gegenübers
Kernaussage: Vorwürfe des Sprechers an die Erwachsenen

Für den Sprecher sind die Erwachsenen deshalb keine Vorbilder mehr. Seiner Meinung nach interessieren sie sich nicht wirklich für die Zukunft, sondern nur für ihr materielles Wohlergehen: „Ihr sprecht von Zukunft, meint Gehälter“ (V. 11).

Verhältnis zwischen dem Sprecher und seinem Gegenüber

Die Jungen hätten gar keine Ideale mehr (vgl. V. 25 f.). Ihr Herz werde „kalt und kälter" (V. 27), und sie seien „müd und ohn Entschluss" (V. 28). Schuld an der Hoffnungslosigkeit der Jugend seien die Erwachsenen. Sie als die Älteren hätten während der Zeit der NS-Diktatur auch die größere Schuld auf sich geladen (vgl. V. 22).

Besonderheiten der Gestaltung

Reimschema

Der Zweifel an den Erwachsenen spiegelt sich im Reimschema wider: In den drei kürzeren Strophen liegt jeweils ein Kreuzreim vor: abab. In der ersten Strophe z. B. reimen sich die Verse eins und drei aufeinander („jünger" auf „Zeigefinger") sowie die Verse zwei und vier („Rad" auf „Pfad"). Am Ende entsteht aber stets der Eindruck, dass das Reimschema aus den Fugen geraten ist: In der jeweils letzten Strophe lautet das Reimschema: abaacb. Das passt dazu, wie die Jungen die Alten sehen: Ihr Blick auf sie ist ebenfalls in Unordnung geraten.

sprachliche Bilder

Auch die sprachlichen Bilder zeigen das: Die Jungen seien von den Älteren früher in einem „Zwinger" (V. 19), also einem Käfig, gehalten worden und hätten demnach keine Freiheit gehabt. Die Erwachsenen würden dagegen nur auf ihren Vorteil achten („hängt die Bärte nach dem Wind" V. 12). Nun stünden sie wieder „am Weg mit gutem Rat" (V. 2) und wollten die jungen Menschen „auf den neuen Pfad" (V. 4) weisen, mit „scharfgespitztem Zeigefinger" (V. 3).

Schluss
Konsequenz, die der Sprecher aus seinen Erfahrungen mit den Ältren zieht

Doch der Sprecher hat die Achtung vor den Erwachsenen verloren. Er weiß zwar, dass die Jüngeren die Älteren eigentlich ehren und lieben sollten (vgl. V. 30, V. 34). Wegen seiner schlechten Erfahrungen mit den Erwachsenen erscheint ihm das aber „mitunter gar nicht leicht" (V. 18). Am Ende findet er es praktisch unmöglich: „mitunter furchtbar schwer" (V. 36). *(405 Wörter)*

Aufgabe 3: Textbeschreibung Prosa

Hinweis: *Orientiere dich bei deiner Textbeschreibung an den Teilaufgaben.*

- *Schreibe eine* **Einleitung** *mit den Basisinformationen (Titel, Textsorte, Autor) und bestimme dann das Thema des Textes.*
- *Formuliere im* **Hauptteil** *zunächst eine Kernaussage. Fasse dann den Inhalt des Textes knapp zusammen. Verwende als Zeitform das Präsens (Gegenwartsform)!*
- ***Markiere*** *die Textstellen, in denen etwas über die* **Art und Weise**, *wie die beiden Jungen miteinander umgehen, ausgesagt wird bzw. aus denen sich etwas darüber ableiten lässt.*
- *Gehe anschließend auf die* **Besonderheiten der Sprache** *ein. Beantworte dir z. B. folgende Fragen: Wie drückt sich der Ich-Erzähler aus? Verwendet er standardsprachliche oder eher umgangssprachliche Formulierungen? Kommen sprachliche Bilder vor? Wie wirkt die Sprache auf den Leser?*
- *Stelle am* **Schluss** *dar, wie sich die Beziehung der beiden Jungen deiner Meinung nach entwickeln wird und begründe deiner Meinung.*

Benutze eine sachliche Sprache. Vergiss nicht, deine wichtigsten Aussagen durch den Verweis auf Textstellen zu belegen.

Lösungsvorschlag:

Einleitung
Textsorte, Titel, Autor
Thema

In dem Auszug aus dem Jugendroman „Halbe Helden" von Erin Jade Lange geht es um die Beziehung zwischen den beiden Jungen Billy und Dane. Billy hat das Downsyndrom, Dane soll sich um ihn kümmern, nachdem er in der Schule wieder einmal durch sein gewalttätiges Verhalten aufgefallen ist.

Hauptteil
Kernaussage

Der Textauszug zeigt, dass die beiden Jungen einander ebenbürtig sind. Dane ist dem behinderten Jungen keinesfalls überlegen.

Zusammenfassung des Inhalts

Der gegebene Textabschnitt erzählt vom Beginn ihrer Freundschaft: Nach der Schule fahren sie im vollbesetzten Bus nach Hause. Als eine Frau den Jungen mit dem Downsyndrom sieht, bietet sie ihm sofort ihren Platz an, was Billy erfreut annimmt. Nach dem Aussteigen kritisiert Dane ihn dafür. Er meint, die Frau sei nur deshalb freundlich zu ihm gewesen, weil sie seine Behinderung erkannt habe, und das hält er für falsch. Er findet, alle Menschen sollten gleich behandelt werden. Da kommt Billy in den Sinn, dass Dane sich ihm gegenüber auch anders benimmt als gegenüber anderen, denn er wolle ihn nicht verprügeln; das sei auch eine Ungleichbehandlung. Um sich dafür zu rechtfertigen, verweist Dane auf Mädchen; die würde er auch nicht verprügeln. Schließlich verabschieden sich die beiden voneinander.

In seinem Verhalten gegenüber Billy ist Dane gespalten: Einerseits möchte er ihm klarmachen, dass Behinderte keine Sonderbehandlung erfahren sollten, andererseits will er seine Meinung vorsichtig ausdrücken, um Billy nicht zu verletzen. Das fällt ihm aber schwer („Einfühlsamkeit war offenbar nicht so meine Stärke." Z. 21).

Danes Verhalten gegenüber Billy gespalten:

will ehrlich sein, ihn aber nicht verletzen – fällt ihm schwer

Billy zeigt durchaus Selbstbewusstsein gegenüber Dane. Manchmal widerspricht er ihm auch. Beispielsweise sagt er zu Dane: „Du hast mich doch auch anders behandelt [...]" (Z. 54 f.). Als der das abstreitet, legt er noch einmal nach: „Doch, du hast gesagt, mich verprügelst du nicht – weil ich so aussehe, wie ich aussehe, oder nicht?" (Z. 57 f.) Damit bringt er Dane zum Nachdenken: Er sieht ein, dass Billy recht hat, und entschuldigt sich dafür (vgl. Z. 61).

Billys Verhalten gegenüber Dane: selbstbewusst, widerspricht Dane auch mal

bringt Dane zum Nachdenken

Der Ich-Erzähler benutzt manchmal wörtliche Rede, um wiederzugeben, was andere gesagt haben. Dazu passt, dass er öfter Umgangssprache verwendet (z. B.: „den Platz von dieser Ollen", Z. 15). Auch die Sprachbilder, die er benutzt, sind an die Umgangssprache angelehnt (z. B.: „wie 'ne Grinsekatze" (Z. 39 f.). Allgemein lässt sich sagen, dass der Ich-Erzähler mit seiner Sprache zu erkennen gibt, dass er lässig und cool wirken möchte.

Sprache des Ich-Erzählers:

Äußerungen in Form von wörtlicher Rede

dabei öfter umgangssprachliche Formulierungen

auch Sprachbilder

→ Ich-Erzähler möchte cool wirken

Im Laufe der Zeit werden sich die beiden Jungen immer besser verstehen. Das ist vor allem darauf zurückzuführen, dass sie einander auf Augenhöhe begegnen: Dane zeigt niemals, dass er sich Billy überlegen fühlt, und Billy wirkt durchaus selbstbewusst. *(420 Wörter)*

Schluss
Dave und Billy werden sich immer besser verstehen,
Grund: Begegnung auf Augenhöhe

Übungsaufgabe 2 im Stil der Hauptschulabschlussprüfung
Lösungsvorschläge Deutsch

Teil A1

Textverständnis

1. a) Meist ist ein Schüler selbst schuld, wenn er in seiner Klasse zum Außenseiter wird. – **falsch**

   b) Manchmal wird auch jemand, der gut integriert war, plötzlich zum Außenseiter. – **richtig**

   c) Wer in seiner Klasse zum Außenseiter geworden ist, muss sich damit abfinden. – **falsch**

   d) Um Hilfe zu bekommen, sollten sich Außenseiter bei jemandem Rat holen. – **richtig**

   Hinweis: *Die richtigen Aussagen findest du hier im Text:* ***zu b:*** *vgl. Z. 26–28;* ***zu d:*** *vgl. Z. 38–42*

2. Ein Schüler fällt durch sein Aussehen bei anderen unangenehm auf.
   Er wirkt durch sein Verhalten abweisend auf andere.
   Ein neuer Mitschüler ist in die Klasse gekommen.
   Andere Schüler verbünden sich gegen ihn, um selbst nicht ausgeschlossen zu werden.

   Hinweis: *vgl. Z. 18–30*

3. Sie verstellen sich so: Jungen wollen cool wirken. Mädchen wollen sexy sein.

   Hinweis: *vgl. Z. 33 f.*

4. Es besteht dann die Möglichkeit, außerhalb der Klasse neue Freunde zu finden.

   Hinweis: *vgl. Z. 53–57*

Sprachgebrauch

1. a) Au**ß**enseiter: stimmloser s-Laut nach langem Vokal – **ß**
   b) Machtk**ä**mpfe: Bilden der Einzahl – Machtk**a**mpf
   c) zurückhalten**d**: verlängern – zurückhalten**d**er
   d) **S**chweigepflicht: Begleitwort voranstellen – die **S**chweigepflicht

***Hinweis** zu b und c: Du musst eine Form des Wortes finden, bei der du hören kannst, wie der Buchstabe geschrieben wird. **Zu b:** Hier ist die entsprechende Regel zu nennen. **Zu d:** Du musst die Begleitwortprobe durchführen, um zu zeigen, dass das Wort ein Nomen ist.*

2. a) Es gibt kaum eine Klasse**,** in der nicht einzelne Schüler ausgegrenzt werden**.**

   b) Wie kommt es dazu**,** dass ein Junge oder ein Mädchen von anderen gemobbt wird**?**

   c) Das Opfer versteht meist gar nicht**,** warum es von den anderen abgelehnt wird**.**

*__Hinweis:__ Du musst bei allen Sätzen das fehlende Satzschlusszeichen ergänzen. Das ist in den Sätzen **a** und **c** der Punkt, der einen Aussagesatz beendet. Und bei Satz **b** ist es ein Fragezeichen, weil es sich um eine Frage handelt. – In jedem Satz ist außerdem ein Komma einzufügen. Dieses Komma markiert jeweils die Grenze zwischen einem Hauptsatz und einem nachfolgenden Nebensatz.*

3. a) Der Stuhl neben einem Außenseiter bleibt häufig <u>frei</u>. – **Adjektiv**

   b) Es macht keinen Spaß, <u>wenn</u> man in der Schule keine Freunde hat. – **Konjunktion**

   c) Wer unter dieser Situation leidet, sollte sich bei <u>seinem</u> Klassenlehrer Hilfe holen. – **Pronomen**

   d) Der kann das Problem dann während des Unterrichts <u>mit</u> der Klasse besprechen. – **Präposition**

*__Hinweis:__ Zur Erinnerung: Ein **Adjektiv** ist ein Wie-Wort: Es beschreibt hier die Eigenschaft eines Stuhls. – Eine **Konjunktion** ist ein Bindewort. Hier verbindet die Konjunktion „wenn" einen Hauptsatz mit einem nachfolgenden Nebensatz. – Das **Pronomen** „seinem" ist Begleitwort eines Nomens; es handelt sich um ein besitzanzeigendes Fürwort. – Eine Präposition gibt an, in welchem Verhältnis zwei Personen oder Dinge zueinander stehen: z. B.: mit, ohne, auf, unter, zwischen.*

4. a) Max **wird** im neuen Schuljahr die Schule **wechseln**.

   b) Sein Vater **hat** in Stuttgart eine neue Stelle **gefunden**.

*__Hinweis zu a:__ Man bildet das Futur mit einer Form von „werden" und dem Infinitiv (der Grundform) des Hauptverbs. **Zu b:** Das Perfekt bildet man mit einer Form von „haben" oder „sein" und dem Partizip Perfekt (gefragt, gesagt, bestellt …).*

Teil A 2

Matthias Brandt: „Blackbird“

1. Motte fällt plötzlich ein, dass er gar kein Geld dabei hat. Das ist ihm sehr unangenehm. Deshalb gibt er vor, sein Portemonnaie vergessen zu haben. Er tut so, als würde er in seinen Taschen danach suchen, obwohl er genau weiß, in welcher Jackentasche es steckt. Am Ende muss Steffi für ihn bezahlen.

   Hinweis: *Dass er sie einlädt und dann nicht bezahlen kann, ärgert Steffi. Motte bemerkt, dass sie danach etwas verstimmt ist („unwirsch“).*

2. Eigentlich ist es nicht in Ordnung, dass Motte seine Mutter beim Umzug in die neue Wohnung nicht begleitet. Er müsste ihr beistehen und sie trösten. Ihm ist nämlich klar, dass sie unter der Trennung vom Vater leidet. Aber er ist selbst gefühlsmäßig so aufgeladen, dass er das Gespräch mit ihr vermeiden will. Deshalb kann ich sein Verhalten doch verstehen.

   Hinweis: *Die Krankheit seines Freundes und die Enttäuschung über den Kinobesuch mit Jacqueline belasten ihn zu sehr. Ein Gespräch mit seiner Mutter würde ihn deshalb überfordern.*

3. Ihm ist klar, dass er ihn nicht oft genug besucht hat. Er weiß ganz genau, dass Bogi unter seiner Krankheit leidet und Unterstützung bräuchte.

   Hinweis: *Der Gedanke an Bogis Krankheit belastet ihn. Deshalb lenkt er sich durch andere Aktivitäten ab, mit der Folge, dass er keine Zeit mehr hat, ihn im Krankenhaus zu besuchen.*

4. Walki behauptet, seine Sportnote durch einen 5000-Meter-Lauf noch verbessern zu wollen. Der Sportlehrer freut sich darüber, weil er hofft, seinen Ruf als Sportlehrer durch die gute Laufleistung dieses Schülers weiter verbessern zu können. Walki läuft los und legt den Hauptteil der Strecke in Rekordzeit zurück. Doch 50 Meter vor dem Ziel bleibt er einfach stehen. Sportlehrer Kragler ist fassungslos. Als dieser ihn laut brüllend dazu auffordert, die Strecke zu Ende zu laufen, beschimpft Walki ihn als Nazi und droht ihm mit einer Anzeige, für den Fall, dass er ihn schlagen würde. Damit gibt er zu verstehen, dass er das für möglich hält, weil er weiß, dass Kragler das schon bei anderen Schülern getan hat.

   Hinweis: *Mit seiner mutigen Aktion hat Walki öffentlich bekannt gemacht, dass der Sportlehrer noch immer ein Nazi ist und gegenüber seinen Schülern auch gewalttätig wird. Daraufhin dauert es nicht mehr lange, und Herr Kragler wird an eine andere Schule versetzt.*

5. Dinge, die er tut, um die Trauer über Bogis Tod zu bewältigen:
   - Er verlässt fluchtartig das Krankenhaus und fängt an, quer durch die Stadt zu laufen.
   - Er trinkt Alkohol, zunächst Bier, danach von dem Rotwein, den er zusammen mit Bogi in dessen Garten versteckt hat.
   - Er sucht Gesellschaft und geht zu seinem Sozialkundelehrer, der seinen Schüler*innen immer gesagt hat, sie könnten ihn jederzeit besuchen.

   Hinweis:
   - *Er hat das Gefühl, dass ihm Bewegung guttut.*
   - *Mit Alkohol will er seine Sinne benebeln.*
   - *Er hat gehofft, dass sein Sozialkundelehrer noch nichts von Bogis Tod gehört hat und dass ihn ein Gespräch mit ihm ablenken kann. Allerdings hat der gerade Streit mit seiner Frau.*

   Du hättest auch noch schreiben können, dass er mitten in der Nacht im Freibad auf das Zehn-Meter-Brett steigt und aus dieser Höhe in betrunkenem Zustand in die Tiefe springt.

6. Motte ist mitten in der Nacht vom Zehn-Meter-Brett gesprungen. Nachdem Elvis, der Bademeister, ihn aus dem Becken gezogen hat, bricht er komplett zusammen. Es ist klar, dass Bogis Tod die Ursache für seinen Zusammenbruch ist. Sein waghalsiges Verhalten, der Zusammenbruch sowie die Tatsache, dass er seit seinem Sprung kein Wort mehr spricht, hat wohl dazu geführt, dass er in die Psychiatrie eingewiesen wurde.

   Hinweis: *Dass Motte im Schwimmbad zusammengebrochen ist, erfährt man im letzten Kapitel. Dort heißt es: „… nachdem ich im Schwimmbad aus den Latschen gekippt war" (S. 254). Motte hat sich durch seinen Sprung in echte Gefahr gebracht. Ein Mensch, der sich durch sein eigenes Verhalten in Lebensgefahr bringt, kann in die Psychiatrie eingewiesen werden.*

7. *Mögliche Lösung für einen Dialog:*

   BADEMEISTER: Stell dir vor: Heute Nacht ist jemand im Schwimmbad vom Zehner gesprungen!

   FRAU: Wie ist das möglich?

   BADEMEISTER: Du weißt doch, dass ich kurz vor Mitternacht immer noch 'ne Runde mache, um dort nach dem Rechten zu sehen. Diesmal sah ich tatsächlich was: Auf dem Zehn-Meter-Brett saß ein Junge.

   FRAU: Ach, je! Was hast du dann gemacht?

   BADEMEISTER: Ich hab' gerufen, dass er sofort runterkommen soll. Aber er hat gesagt, das ginge nicht.

   FRAU: Wieso nicht?

   BADEMEISTER: Er sagte, er sei betrunken. Da bin ich zu ihm raufgeklettert. Er hatte tatsächlich fast 'ne ganze Flasche Amselfelder getrunken.

FRAU: Warum macht ein Junge so einen Unsinn?

BADEMEISTER: Ich glaub', der war mit den Nerven fertig, warum, weiß ich nicht.

FRAU: Und wieso springt er plötzlich runter?

BADEMEISTER: Er hat mir erzählt, dass er Angst davor hätte, vom Zehner zu springen. Ich meinte, man könne seine Angst auch überwinden – und da ist er einfach aufgestanden und gesprungen! So hatte ich das natürlich nicht gemeint!

FRAU: Das war doch gefährlich!

BADEMEISTER: Na klar! Es hat auch einen richtigen Knall gegeben, als er ins Wasser geklatscht ist. Ich bin sofort runtergestiegen, um nach ihm zu schauen. In dem Moment tauchte er gerade wieder auf.

FRAU: Und danach hast du ihn einfach allein nach Hause gehen lassen?

BADEMEISTER: Nein, natürlich nicht! Ich hab' einen Arzt gerufen, und der hat dafür gesorgt, dass er ins Krankenhaus kommt.

FRAU: Da kannst du aber froh sein, dass das noch mal gut gegangen ist!

BADEMEISTER: Das bin ich auch! *(224 Wörter)*

Hinweis: *Es ist klar, dass der Bademeister seiner Frau keine zusammenhängende Erzählung vorträgt, die sie sich einfach nur anhört. Es wird vielmehr so sein, dass er ihr Stück für Stück erzählt, was er in der Nacht erlebt hat. Dabei wird sie zwischendurch immer auf das reagieren, was er ihr sagt, z. B. indem sie Nachfragen stellt oder ihr Erstaunen äußert.*

Teil A 2

Mirjam Pressler: „Nathan und seine Kinder"

1. Der Roman beginnt damit, dass in Nathans Haus ein Feuer ausbricht und der Tempelritter Recha rettet.
   Er endet mit einem Gespräch zwischen dem Tempelritter und Recha wenige Tage nach der Ermordung Nathans.

   Hinweis: *Das Feuer bricht aus, als Nathan nicht zu Hause ist. Er kehrt gerade von einer Geschäftsreise zurück. – Das Gespräch zwischen dem Tempelritter und Recha findet nach Nathans Beerdigung statt. Dieser ist auf dem Heimweg brutal ermordet worden.*

2. Nach dem Tod ihrer Eltern wuchs Daja bei ihrer Großmutter auf. Diese war streng gläubig und auch sehr streng und hartherzig. Daja hat in dieser Zeit darunter gelitten. Eines Tages schlugen viele Menschen ihr Lager in der Stadt auf, in der sie lebte, neben bewaffneten Rittern auch Frauen und Kinder. Sie waren Kreuzfahrer und befanden sich auf dem Weg nach Jerusalem. Unter ihnen war auch Gisbert. Daja verliebte sich in ihn und zog zusammen mit ihm in die Ferne.

   Hinweis: *Offiziell hieß es, die Gruppe sollte nach Jerusalem ziehen, um dort die Christen im Kampf gegen die „Ungläubigen" zu unterstützen. Zu diesem Zeitpunkt hielten Muslime die Stadt besetzt.*

3. Daja selbst führt ihre plötzliche Sehnsucht, in die Heimat zurückzukehren, darauf zurück, dass ein böser Geist in sie gefahren sei. Die Begegnung mit dem Tempelritter hat das Heimweh in ihr geweckt, denn sie weiß, dass er aus Europa stammt und dorthin zurückkehren wird. Ihre Sehnsucht nach der alten Heimat, „nach einem milderen Licht, nach weicheren Schatten, nach einer Sonne, die nicht jeden Tag schien, nach kaltem Wind und sogar nach Frost" (S. 171), ist so überwältigend, dass sie nicht lange darüber nachdenkt und sich mit dem Tempelritter verabredet, um ihm Nathans Geheimnis zu verraten.

   Hinweis: *Sie verrät ihm, dass Recha in Wirklichkeit Christin ist und dass Nathan nicht ihr leiblicher Vater ist. Sie denkt, dann könnte der Tempelritter Recha heiraten und mit ihr nach Europa zurückkehren, und sie würde die beiden bei ihrer Rückkehr begleiten.*

4. Nathan meint, jeder Mensch brauche einen Namen. Deshalb fordert er den Jungen auf, sich zu überlegen, wie er heißen möchte.

   Hinweis: *Der Junge möchte Geschem heißen. Das bedeutet „Regen".*

5. Christen haben während seiner Abwesenheit in seiner damaligen Heimatstadt an den Juden ein Massaker verübt, indem sie deren Häuser angezündet haben. Auch Nathans Haus haben sie angezündet. In dem Feuer ist seine ganze Familie umgekommen: seine Frau und seine sieben Söhne.

   Hinweis: *Aus diesem Grund hat es ihn auch so entsetzt, dass sein Haus in Jerusalem während seiner Abwesenheit Feuer gefangen hat. Es kommt ihm so vor, als würde sich die frühere Katastrophe wiederholen. Dabei hat seine größte Sorge Recha gegolten.*

6. Kurz nachdem er seine ganze Familie verloren hatte, kam ein Klosterbruder und brachte ihm einen Säugling. Das war Recha.

   Hinweis: *Rechas Mutter war nach der Geburt gestorben. Vorher hat sie den Klosterbruder darum gebeten, das Kind nach ihrem Tod zu Nathan zu bringen. Der hat das Baby sofort als seine Tochter angenommen und liebevoll großgezogen.*

7. *Mögliche Lösung für einen Tagebucheintrag:*

   Liebes Tagebuch,
   heute habe ich erfahren, dass Nathan nicht mein leiblicher Vater ist. Das hat mich erschüttert. Warum hat er mir nie gesagt, wer meine Eltern sind? Wer bin ich eigentlich? Woher komme ich? Warum hat Nathan mir das bisher immer verschwiegen? Das verstehe ich nicht!
   Bisher hatte ich ein glückliches Leben mit ihm. Er hat mich verwöhnt und stets liebevoll für mich gesorgt. Es hat mir nie an etwas gefehlt. Alles, was ich haben wollte, habe ich bekommen. Vor allem aber: Es gab immer diese besondere Nähe zwischen Nathan und mir. Wie oft hat er interessante Gespräche mit mir geführt! Durch ihn habe ich die Welt verstanden, in der ich lebe.
   Wie wäre es gewesen, wenn Nathan mich nicht bei sich aufgenommen hätte? Es gibt in Jerusalem genügend Findelkinder, um die sich niemand kümmert und die nicht wissen, woher sie kommen. Sie haben kein Dach über dem Kopf und müssen betteln oder niedrige Arbeiten verrichten, nur um zu überleben.
   Wird sich künftig an meiner Beziehung zu Nathan etwas ändern? Werde ich ihn nicht mehr als meinen Vater ansehen? Nein, das darf nicht sein! Das Besondere an dem Verhältnis zwischen Vater und Tochter ist doch die Liebe, die sie verbindet. Und daran wird sich nichts ändern. Er liebt mich, das spüre ich Tag für Tag, und ich liebe ihn auch. So wird es bleiben!

   (222 Wörter)

Aufgabe 1: Erörterung

__Hinweis:__ Lies den Text „Gruppenzwang macht mich fertig" genau durch und überlege, welches __Problem__ die Verfasserin darin darstellt. Das ist die __Ausgangsbasis für deine Erörterung__. Fasse ihre __Grundgedanken__ in der __Einleitung__ mit wenigen Sätzen knapp zusammen und führe, ausgehend von dieser Grundlage, zur __Fragestellung__ hin.
Um Argumente auszuformulieren, solltest du vorab eine Frage stellen: Gibt es neben dem Problem, mit dem die Verfasserin sich beschäftigt, noch __andere Bereiche__, in denen man sich an die __Erwartungen anderer__ anpasst? Natürlich gibt es die (z. B. Kleidung, Benehmen in der Öffentlichkeit usw.)! In deiner Argumentation solltest du deinen Blick also noch etwas weiten, um zusätzliche Gesichtspunkte zu berücksichtigen.
Eins dürfte klar sein: Ohne Anpassung geht es nicht. Es stellt sich nur die Frage, __an wen__ man sich anpasst und __warum__. Dazu solltest du Argumente finden.
*Verwende eine sachliche Sprache. Nur so werden dich die Leser*innen ernst nehmen. Verweise ab und zu auch auf Beispiele, um deine Überlegungen zu veranschaulichen. Laut Aufgabenstellung kannst du dabei auch auf eigene Erfahrungen zurückgreifen.*

Lösungsvorschlag:

Einleitung
Bezugnahme auf den Text:

Sollte man sich mit seinem Verhalten an andere anpassen? Mit dieser Frage befasst sich Lara Thiede in ihrem Text „Gruppenzwang macht mich fertig". Sie erzählt u. a. vom Besuch eines Fußballspiels – und gibt offen zu, dass sie sich dort fehl am Platz fühlt. Am Ende entscheidet sie sich, ihre Freunde nicht mehr ins Fußballstadion zu begleiten, weil ihr das einfach nicht liegt. Ist diese Entscheidung richtig?

Hinführung zur Fragestellung

Oder sollte man sich doch lieber so verhalten, wie Freunde und Bekannte das von einem erwarten?

Hauptteil
Argument 1
Bereich Kleidung:

Überzeugung, Kleiderauswahl selbst zu bestimmen

In Wirklichkeit: Anpassung an bestimmte Gruppe

Es gibt viele Bereiche, in denen man sich an anderen orientiert. Das beginnt schon damit, wie man sich kleidet. Wahrscheinlich glaubt jeder, er würde selbst entscheiden, was er anzieht. Aber das stimmt nicht. Es gibt viele verschiedene Kleidungsstile, und man wählt einen davon für sich aus. So gesehen ist das schon eine Anpassung – an Menschen, die eine bestimmte Art von Kleidung tragen. Damit hat man einerseits einen bestimmten Kleidungsstil gewählt – sich aber zugleich an eine bestimmte Gruppe angepasst. Täte man das nicht, würde man sich unwohl fühlen. Man will ja nicht als Einziger durch einen kuriosen Look auffallen.

Ein anderer Bereich ist das Benehmen im Alltag. Wer sich nicht zu benehmen weiß, fällt negativ auf. Das gilt auch für das Verhalten in öffentlichen Verkehrsmitteln: Wer dort mit seinem Rucksack einen leeren Platz neben sich blockiert, erregt damit Missfallen. Und nicht nur das: Er handelt schlicht rücksichtslos, denn er hindert andere Fahrgäste daran, sich während der Fahrt hinzusetzen. Wer sich hier an die Erwartungen anderer anpasst, handelt auf jeden Fall richtig. Er nimmt Rücksicht auf andere – und das sollte er auch tun.

Argument 2
Benehmen im Alltag:

Rücksichtnahme auf andere ist richtig

Was die Anpassung im Freundeskreis betrifft: Es ist eigentlich selbstverständlich, dass nicht alle die gleichen Interessen und den gleichen Geschmack haben wie man selbst. Das dürfte aber kein Problem sein: Man weiß doch, mit wem man bestimmte Interessen teilt und mit wem nicht. Dann geht man vielleicht mit einem Freund ins Museum und mit einem anderen lieber auf den Sportplatz. Man passt sich mal an den einen an und mal an den anderen. Das ist ganz selbstverständlich.

Argument 3
Verhalten im Freundeskreis: unterschiedliche Interessen

Anpassung nach Bedarf → selbstverständlich

Nicht *ob* man sich an andere Menschen anpassen sollte, ist die Frage, sondern *an wen* man sich anpasst. Wer seine Bedürfnisse kennt, kann sich flexibel anpassen – mal an die eine Gruppe, mal an die andere. Wichtig ist nur, dass man sich nicht an negative Verhaltensweisen anpasst. Darauf sollte man schon achten. Aber ohne Anpassung geht es nicht! *(402 Wörter)*

Schluss
Eigene Meinung

Wichtig: Nicht an negative Verhaltensweisen anpassen!

Aufgabe 2: Textbeschreibung Lyrik

Hinweis: *Sieh dir die* **Aufgabenstellung** *genau an und lies das Gedicht dann gründlich durch. Überlege während des Lesens schon, auf welche* **Textstellen** *du dich beziehen kannst, um die einzelnen* **Teilaufgaben** *zu bearbeiten. Unterstreiche diese Textstellen und kommentiere sie entsprechend am Rand, indem du sie mithilfe von kurzen Stichworten gleich passend einzelnen Teilaufgaben zuordnest, z. B. so: Situation, Gefühle, Gegensatz.*
Danach formulierst du **zu jeder Teilaufgabe einen Absatz**. *Beziehe dich dort, wo es sich anbietet, auf Textstellen. Füge aber nur wörtliche* **Zitate** *ein, die dir besonders aussagekräftig erscheinen. Achte stets darauf, auch zu sagen, was die Textstellen, die du zitierst, zeigen.*
Wenn du alle Teilaufgaben nacheinander fertig bearbeitet hast, liest du deinen Text noch einmal sorgfältig durch und **korrigierst**, *wenn nötig,* **Fehler** *und Ausdrucksschwächen.*

Lösungsvorschlag:

Einleitung
Textsorte, Titel, Verfasser, Thema; formaler Aufbau

In dem Gedicht „Sozusagen in der Fremde“ von Erich Kästner wird der Besuch eines Mannes in einem Berliner Kaffeehaus beschrieben. Das Gedicht besteht aus fünf Strophen zu je fünf Versen.

Hauptteil
Kernaussage: Besucher fühlt sich sehr unwohl
Gründe für sein Unwohlsein: Situation im Café

Der Mann fühlt sich in dem Kaffeehaus zunächst sehr unwohl. Das liegt zum einen an der Ausstattung des großen Saales: Die Stühle sind alle mit Samt („Plüsch“, V. 5) bezogen, und an den Wänden hängen Spiegel. Deshalb sieht es so aus, als wären alle Menschen, die dort sitzen, doppelt vorhanden (vgl. V. 9). Auch die Beleuchtung empfindet der Besucher als unangenehm: Sie wirkt kühl, denn sie taucht alles in ein blasses Licht (vgl. V. 11). Und die Leute, die an den Tischen sitzen, gefallen ihm auch nicht (vgl. V. 13 f.). Da kommt er sich überflüssig vor und „schaute traurig weg“ (V. 15). Er fragt sich: „Was wollte er in dieser Stadt,/ in der er einsam saß?“ (V. 19 f.) Er fühlt sich so fremd und unwohl, dass es an einer Stelle sogar heißt: „Fast hatte er das Leben satt.“ (V. 18)

Besucher fühlt sich traurig, einsam, fremd, unwohl

Erläuterung der Textstelle: „Not macht erfinderisch“ (V. 25); Mann fängt plötzlich an, Hut zu ziehen

Das Gedicht endet mit den Worten: „Not macht erfinderisch.“ (V. 25) Hier wird beschrieben, dass dem Mann plötzlich eine Idee kommt: Er fängt an, wildfremde Menschen, die um ihn herum sitzen, zu grüßen, indem er den Hut zieht. Er hofft wohl, auf diese Weise seine Einsamkeit beenden zu können.

Die Anordnung der Reime ist etwas ungewöhnlich: abaab. Jede Strophe endet also mit einem Vers, der vom Reim her wie abgetrennt wirkt, denn die beiden Verse davor haben einen anderen Reim. Der Klang, der dadurch entsteht, passt zur Ratlosigkeit des Mannes: Wohin er auch schaut – er findet nichts, das ihm heimisch vorkommt. Auch er ist irgendwie „abgetrennt". Obwohl sich der Besucher fremd und ratlos fühlt, zeigt der Sprecher aber kein Mitleid mit ihm. Ganz sachlich beschreibt er die Situation des Mannes. Auffallend sind die vielen Gegensätze: Die Stadt Berlin ist groß (vgl. V. 1, V. 3) – dagegen ist der Tisch, an dem der Besucher sitzt, klein (vgl. V. 2). Die anderen Gäste des Kaffeehauses „saßen zum Greifen nah" (V. 6) – aber der Mann „war doch allein" (V. 7). Einerseits sieht der neue Gast „traurig weg" (V. 15) – andererseits steht er plötzlich auf und zieht den Hut.

Besonderheiten der Gestaltung:

Reimschema, Wirkung des Reimschemas

Sprecher sehr sachlich

Häufung von Gegensätzen

Ich kann mir schon vorstellen, dass sich die Situation des Mannes ändern wird. Wahrscheinlich werden die anderen Gäste anfangen zu staunen oder zu lachen. Plötzlich wird es in dem Kaffeehaus lebendig werden. Das hat sich der Mann wahrscheinlich gewünscht. Somit hätte er nicht nur seine eigene Stimmung verbessert, sondern auch die der anderen Gäste.

(404 Wörter)

Schluss
Änderung der Situation wahrscheinlich?
→ Ja

Aufgabe 3: Textbeschreibung Prosa

Hinweis: *Der Jugendroman handelt von einem dicken Jungen, der wegen seines Übergewichts in seiner Klasse eine* ***Außenseiterrolle*** *einnimmt. Als* ***Ich-Erzähler*** *beschreibt er seine Situation selbst. Es muss dir gelingen, herauszufinden, wie er sich und andere sieht – und wie er* ***mit seiner Außenseiterrolle umgeht****. Orientiere dich bei deiner Darstellung an den Vorgaben durch die* ***Teilaufgaben****. Vergiss nicht, deine Aussagen zu den Gedanken und zum Verhalten des Ich-Erzählers anhand von* ***Textstellen*** *hin und wieder zu belegen. Die letzte Teilaufgabe verlangt von dir, dass du die Darstellung durch den Ich-Erzähler* ***beurteilst:*** *Du sollst überlegen, wie ehrlich er sich und seine Situation beschreibt.*

Lösungsvorschlag:

Einleitung
Textsorte, Titel, Verfasserin, Thema
knappe Zusammenfassung des Inhalts

In dem Auszug aus dem Jugendroman „Tanz der Tiefseequalle" von Stefanie Höfler erzählt der Ich-Erzähler, ein dicker Junge, vom Beginn einer Klassenfahrt. Er hat sich gründlich auf diese Fahrt vorbereitet, denn er weiß genau, dass seine Mitschüler*innen ihn mobben werden. Doch es gibt zunächst keine Probleme für ihn, weder bei der Zimmerverteilung noch bei der Nachtwanderung. Seine Ruhe hat er auch schnell vor der Lehrerin, die sich um ihn kümmern soll: Einige Schüler haben mit ihren Laternen ein paar Zweige in Brand gesetzt, und sie muss verhindern, dass ein Feuer ausbricht.

Hauptteil
Kernaussage: Gründe für Außenseiterposition: Körperfülle, Überlegenheit

Der Ich-Erzähler hat nicht nur wegen seiner Körperfülle eine Außenseiterposition in der Klasse, sondern auch wegen seiner Überlegenheit. Überlegen ist er sowohl gegenüber seinen Mitschüler*innen als auch gegenüber seiner Lehrerin.

Umgang des Ich-Erzählers mit seiner Außenseiterrolle: Ihm entgeht nichts

Ihm entgeht nichts, was andere tun. So sieht er, wie ein Zimmergenosse über die großen Jeans staunt, die er auspackt. Das nimmt er schweigend zur Kenntnis. Vorurteile, die andere über Dicke haben, bestätigt er ausdrücklich: Als die Rede aufs Essen kommt, erkundigt er sich zunächst, ob es eine „cholesterinfreie Diät" (Z. 20) gebe. Kurz darauf sagt er: „War ein Witz. Ich esse absolut alles. Sieht man das nicht?" (Z. 21) Er macht sich also selbst über seine Fettleibigkeit lustig.

Absicht der Lehrerin durchschaut

Als die Lehrerin während der Nachtwanderung seine Nähe sucht, durchschaut er sofort ihre Absicht: Sie soll ihm, dem

Außenseiter, helfen, die Klassenfahrt unbeschadet zu überstehen. Nur wüsste er gern, was sie wirklich denkt. Deshalb hätte er gern einen „Wahrheitsabsauger“ (Z. 55), der ihm die Gedanken anderer wortwörtlich ins Ohr überträgt. Von der Lehrerin glaubt er, dass sie in Wirklichkeit denkt: „Du arme Sau, Gott sei Dank war ich nie so fett wie du [...]“. (Z. 58 f.)

glaubt zu wissen, was die Lehrerin wirklich denkt

Die Überlegenheit des Ich-Erzählers zeigt sich vor allem in seiner Sprache. Er benutzt mehrmals Fremdwörter (z. B. „überdimensional“, Z. 11 f., oder „pseudoselbstverständlich“, Z. 66 f.). Ähnlich gehoben klingen seine Sätze. Als die Lehrerin ihn fragt, ob er klarkomme, fragt er zurück: „Mit meiner Fettleibigkeit oder mit den Nebenwirkungen dieser Fettleibigkeit [...]?“ (Z. 61 f.)

Besonderheiten der Sprache:
Sprache zeigt Überlegenheit des Ich-Erzählers: Fremdwörter, gehoben klingende Sätze

Der Ich-Erzähler weiß genau, dass er viel zu dick ist, und scheut sich auch nicht, sich das in seinem Inneren genauso zu sagen, sogar mit drastischen Worten. So nennt er sich selbst „den fetten Außenseiter“ (Z. 50). Dass er unter seiner Fettleibigkeit leidet, sagt er aber mit keinem Wort. Seine Gefühle scheint er zu verdrängen. Ganz und gar ehrlich ist er also doch nicht – zumindest nicht mit sich selbst.

Schluss
Ehrlichkeit des Ich-Erzählers
Wissen um seine Fettleibigkeit

Verdrängung seiner Gefühle

(413 Wörter)

Teil A 1

Nr. 1: Textverständnis

a)
- Wohngemeinschaft
- Wohnheim
- eigene Wohnung

*Hinweis: Um die volle Punktzahl zu erhalten, genügt es, wenn du **zwei Möglichkeiten** zu wohnen nennst.*

b)
1. falsch

Hinweis: „Viele Wohnheime vermieten komplett möblierte Zimmer …" (Z. 16/17).

2. richtig

Hinweis: „Rücksicht auf die anderen nehmen, Absprachen treffen … sollten eine Selbstverständlichkeit sein." (Z.13/14)

3. falsch

Hinweis: „Die Miete für die eigenen vier Wände ist erheblich höher als für ein Zimmer in einer Wohngemeinschaft oder einem Wohnheim." (Z. 23/24)

c)
1. Man kann in seinem Reich, also seiner **Wohnung**, **bestimmen** und **alles selbst** und ohne Absprache mit anderen **entscheiden**.
2. eine ganze Menge – ein großer Anteil – viel Geld

d) *Mögliche Lösungen:*

- **Wohngemeinschaft (WG)**
  Pro-Argumente: Langeweile selten – immer jemand da – Spaß – billiger als Wohnung – nicht alles selbst anschaffen müssen
  Contra-Argumente: Rücksicht nehmen müssen – Absprachen treffen müssen – gemeinsamer Haushaltsplan
- **Wohnheim**
  Pro-Argumente: günstigste Wahl – komplett möbliert – in der Nähe von Ausbildungsstelle oder Berufsschule – Gemeinschaftsräume
  Contra-Argument: kleine Zimmer

- **Wohnung**
  Pro-Argumente: Herrscher im eigenen Reich – größtmögliche Privatsphäre
  Contra-Argumente: für alles selbst verantwortlich – Miete erheblich höher – möglicherweise Gefühl der Einsamkeit

***Hinweis:** Um die volle Punktzahl zu bekommen, genügt es, wenn du jeweils **ein Pro- und ein Contra-Argument** nennst.*

Nr. 2: Sprachgebrauch

a) 1. War**mm**iete: Ich schwinge in Sprechsilben: War**m** – **m**ie – te; oder: Ich zerlege das zusammengesetzte Wort in seine Bestandteile: War**m** – **m**iete.

2. W**ä**sche: abgeleitet von „w**a**schen", deshalb mit ä

3. regelmäßi**g**: Indem man das Wort verlängert, hört man das weiche g am Ende → regelmäßi**g**e

4. schlie**ß**lich: Nach langem Vokal oder Doppelvokal (ie, au, eu, ei etc.) wird ein scharfer s-Laut als ß geschrieben.

b) 1. Eine Auszubildende berichtet**,** dass es ihr in ihrem Wohnheim sehr gefällt.

***Hinweis:** Der Nebensatz ist am finiten (gebeugten) Verb in Endstellung zu erkennen („gefällt") sowie an der Nebensatz einleitenden Konjunktion „dass". Nebensätze werden vom Hauptsatz grundsätzlich durch ein Komma abgetrennt.*

2. In einem Zimmer**,** das du selbst eingerichtet hast**,** fühlst du dich wohl.

***Hinweis:** In den Hauptsatz wurde hier ein Nebensatz eingeschoben, der mit Kommas abzutrennen ist. Im Nebensatz steht das finite (gebeugte) Verb immer am Ende („hast"), einleitend ist hier das Relativpronomen „das" (Bezug auf das Zimmer). Dass es sich um das Relativpronomen „das" handelt, findest du über diese Probe heraus: „das" lässt sich hier durch „welches" ersetzen.*

3. Für die eigene Wohnung benötigst du ein Bett**,** einen Kleiderschrank**,** Geschirr und viele weitere Dinge.

***Hinweis:** Die Regel lautet: Die einzelnen Glieder einer Aufzählung werden durch Komma getrennt, es sei denn, sie sind durch „und" oder „oder" miteinander verbunden.*

4. Ich sage meinen Eltern**: „**Ihr braucht euch keine Sorgen zu machen**"**.

***Hinweis:** Direkte/Wörtliche Rede ist stets in Anführungszeichen zu setzen. Ein vorangestellter Redebegleitsatz wird immer mit einem Doppelpunkt versehen.*

c) *Mögliche Lösungen:*
   1. *Personalpronomen*: ich, du, er, sie, es, wir, ihr, sie
   2. *Konjunktion*: und, oder, aber, weil, denn …
   3. *Präposition*: von, auf, in, neben, bei, zu, mit …
   4. *Verb in der Grundform:* wohnen, beginnen, nehmen, treffen, halten …

   Hinweis: *Du musst jeweils nur* ***ein Beispiel*** *pro Wortart nennen.*

d) 1. Ich werde eine schöne Wohnung finden. **(Futur I)**
   2. Ich rief meine beste Freundin an. **(Präteritum)**
   3. Der Vermieter ist sehr nett. **(Präsens)**

Teil A 2

Nr. 1: Lektüre „Schneeriese“ von Susan Kreller

a) *Mögliche Lösungen: Themenfelder im Buch*
   Freundschaft – Liebe – Liebeskummer – Eifersucht – Großwüchsigkeit – Anderssein – Nachbarschaft – Mehrgenerationenhaus – Fremdheit – Flucht

   Hinweis: *Du musst* ***fünf Themenfelder*** *nennen, um die volle Punktzahl zu erreichen.*

b) 1. **siamesische Häuser:** (in Anlehnung an den Begriff siamesische Zwillinge) Damit sind die Häuser von Adrians und Stellas Familie gemeint, die im ersten Stock über eine Terrasse miteinander verbunden sind. So wirken sie wie zusammengewachsen.
   2. **Dreitotenhaus:** So wird Datos Haus genannt, weil dort in Jahren zuvor drei Menschen gestorben sind.
   3. **Haltestellenmoment:** Gemeint ist die Zeit an der Bushaltestelle, in der sich Stella und Adrian regelmäßig unterhalten (können), während sie auf den Bus warten.

c) *Mögliche Lösungen: Merkmale / Vorlieben, die Misses Elderly beschreiben*
   leuchtend rote Haare – mag Yoga – mag Kräutertee – mag alte Schallplattenlieder – raucht Vanillezigaretten – hatte früher ein Alkoholproblem, trinkt jetzt keinen Alkohol mehr – ist großzügig und hilfsbereit, denn sie besucht Adrian am Krankenbett und schenkt ihm Malutensilien …

   Hinweis: *Du musst* ***sechs Merkmale*** *oder Vorlieben nennen, um die volle Punktzahl zu erreichen.*

d) Stellas erste Reaktion verrät Adrian, dass sie enttäuscht ist, dass *nur* er in der Tür steht – offensichtlich hat sie jemand anderen erwartet bzw. erhofft.

e) DATO: „Warum bist du ausgerechnet mit Adrian befreundet?"

STELLA: „Adrian und ich sind **miteinander aufgewachsen**. So lange sind wir schon Nachbarn. Adrian **gehört einfach** zu meinem Leben **dazu**.

DATO: „Was hat es mit dieser Hollywoodschaukel auf sich?"

STELLA: „Die Hollywoodschaukel war immer schon unser **Treffpunkt**. Es ist **nicht meine oder Adrians Schaukel**; es ist **unsere Schaukel. Sie steht** genau **zwischen unseren beiden Häusern.** Wir saßen oft auf der Schaukel, während uns die Misses Geschichten erzählte, **Märchen, wie das von der Schneekönigin**."

DATO: „Warum sehe ich dich nie mit Adrian zusammen?"

STELLA: „Wir sehen uns derzeit kaum. Zwischen uns ist alles **anders geworden**, **eigentlich**, **seit** du mit deiner Familie hierhergezogen bist. Irgendwie hat ihn das **aggressiv** gemacht; und das hat wiederum mich böse gemacht. Jetzt **reden wir kaum mehr** miteinander – und **ich verstehe** noch **nicht** einmal genau, warum ... **Leider!**"

DATO: „Warum hast du früher Angst vor unserem Haus gehabt?"

STELLA: „Naja, direkt Angst habe ich nicht gehabt – schließlich haben Adrian und ich euch ja sehr **schnell im Dreitotenhaus besucht**. Vor allem war ich **neugierig**. Denn natürlich hatten auch Adrian und ich die Leute von den **bösen Zauberkräften** in eurem Haus reden hören – immerhin waren hier vor eurem Einzug ziemlich schnell aufeinander **drei Menschen gestorben**!"

DATO: „Und warum nennst du Adrian eigentlich *Einsneunzig*?"

STELLA: „Zum einen ist er ja **so groß, sogar inzwischen noch etwas größer.** Zum anderen haben Adrian und ich mit diesem Spitznamen **verhindert, dass er in der Schule wegen seiner Körpergröße beleidigt** werden kann. Adrian war schon immer sehr empfindlich, was seine Größe betrifft.

DATO: „Noch eine Frage: Hat das was mit diesem Rekorde-Buch zu tun, an dem du schon so lange bastelst?"

STELLA: „Ja, genau! Ich bastle an dem **„Buch der großwüchsigen Dinge“**, damit ich es **Adrian schenken** kann. Er soll sehen, wie viele großwüchsige Dinge es gibt, wie viele größte, höchste, längste … Ich hoffe, Adrian kann irgendwann **erkennen**, dass auch die großwüchsigsten Dinge ganz **normal sind und einfach dazugehören** – so wie er für mich. **Selbst wenn** er sich derzeit verhält wie der **größte Trottel weltweit**!“

***Hinweis**: Versuche immer, passende Fakten aus dem Buch zu erwähnen, aber berücksichtige auch Stellas Innenleben – was denkt oder fühlt sie wohl?*

Text 1: Erörterung

***Hinweis:** Gehe beim Schreiben deiner Erörterung am besten so vor:*

- *Lies den Text sorgfältig durch. Darin sind nämlich verschiedene Argumente „versteckt“. **Markiere alle Textstellen**, die du später nutzen kannst, um Argumente zu formulieren. Orientiere dich an Schlüsselwörtern im Text, um Argumente zu finden (z. B. Pflichten, Arbeit, Kosten, Hotel Mama etc.).*
- ***Notiere die Argumente**, die du im Text gefunden hast, auf einem extra Blatt. Du kannst auch **eigene Argumente** ergänzen oder mithilfe eigener Gedanken die Argumente aus dem Text untermauern.*
- *Lege dann die **Reihenfolge** fest, in der du die Argumente anführen möchtest. Ordne deine Argumente nach **steigender Wichtigkeit:** vom weniger wichtigen bis hin zum wichtigsten Argument, das zum Schluss kommt – so wirkt deine Argumentation am überzeugendsten, denn das letzte Argument bleibt dem Leser/der Leserin am besten in Erinnerung.*
- *Führe in der **Einleitung** zum Thema hin, nenne den Anlass der Erörterung. Formuliere am Ende der Einleitung eine klare Fragestellung, z. B.: Dürfen erwachsene Kinder verlangen, bei den Eltern wohnen zu bleiben?*
- *Formuliere im **Hauptteil** mindestens drei Argumente aus, die gegen das Ausziehen von zu Hause sprechen. Verwende dabei Informationen aus dem Text. Du kannst auch eigene Argumente mit einbringen. Denke daran: Ein überzeugendes Argument besteht aus einer Behauptung, einer Begründung und einem oder mehreren Beispielen.*
- *Im **Schluss** soll darauf eingegangen werden, wie du im Fall Rotondo entschieden hättest. Somit sollst du auch Stellung beziehen zu der Frage aus der Einleitung: Dürfen erwachsene Kinder verlangen, bei den Eltern wohnen zu bleiben?*

Mögliche Lösung:

Wie in der *New York Times* zu lesen war, verklagten vor zwei Jahren im US-Bundesstaat New York die Eltern Rotondo ihren Sohn Michael, 30 Jahre alt, und forderten seinen Auszug aus dem Elternhaus. Trotz zahlreicher Gespräche und Hilfsangebote wie Geldgeschenke war Michael nämlich nicht zum Auszug bereit gewesen. So stellte sich vor Gericht die Frage: Dürfen erwachsene Kinder verlangen, bei den Eltern wohnen zu bleiben?

Einleitung mit Hinführung zum Thema

Auf den ersten Blick ist es verständlich, wenn junge Leute gerne im Elternhaus wohnen bleiben, denn natürlich ist es dort vergleichsweise bequem. Das Wohnen bei den Eltern ist unkompliziert, weil viele alltägliche Pflichten in der Regel weiterhin von den Eltern übernommen werden. Beispielsweise sorgen die Eltern für einen gefüllten Kühlschrank. Kochen, Putzen, Wäsche waschen wird ebenso von den Eltern, meist der Mutter, erledigt sowie das Organisieren von Reparaturen oder Renovierungen. Von all dieser Verantwortung sind Jugendliche zu Hause meist befreit; zu Hause wohnen zu bleiben, erspart ihnen also viel Arbeit.

Arbeite mindestens drei Argumente mit Beispielen heraus, die gegen das Ausziehen von zu Hause sprechen. Verwende Informationen aus dem vorliegenden Text

Hauptteil: mindestens drei Argumente gegen das Ausziehen

Argument 1
Zu Hause wohnen ist bequem

Häufig liegt es auch einfach am Geld, wenn junge Menschen nicht von zu Hause ausziehen möchten. Die Mieten sind hoch, andere Kosten (z. B. für das Handy) kommen dazu – und so können sich Jugendliche eine eigene Wohnung finanziell häufig nicht leisten. Oder aber sie wollen sie sich nicht leisten und die Eltern müssen das dann miteinsehen. So kommen viele junge Menschen in den Genuss eines ganztägigen und ganzjährlichen Rundumservices; sie leben wie in einem Hotel – allerdings ohne die ungeheuren Kosten eines solchen Hotelaufenthaltes zahlen zu müssen.

Argument 2
Zu Hause wohnen ist günstig

Das wichtigste Argument gegen das Ausziehen aus dem Elternhaus ist aber ein ganz anderes: Es ist einfach schön, mit der Familie zu leben, denn man teilt sein Leben mit den Menschen, die man liebt. Man darf auch nicht vergessen, dass ein solches Zusammenleben nicht nur für die Jungen Vorteile mit sich bringen muss, sondern durchaus auch die

Argument 3
(eigenes Argument)
Es ist schön, mit der Familie zusammenzuleben

Eltern froh sein können, zum Beispiel über Hilfe beim Schleppen von Wasserkästen oder beim Rasenmähen.

Heutzutage ist es für viele Menschen wichtig, sich selbst zu verwirklichen. Das eigene Geld und das eigene Handy sind dabei genauso wichtig, wie das Recht, eigene Entscheidungen zu treffen – und dies möglichst unabhängig von einengenden Zwängen (wie z. B. lästige Hausarbeiten). So kommt es meiner Meinung nach, dass junge Menschen oft nach dem bequemsten Lebensmodell für sich suchen und aus dem kostenlosen Luxushotel „Mama" nicht ausziehen wollen.

Äußere auch deine eigene Meinung zum Thema
Versetze dich in die Situation der Kinder, …

Andererseits möchten die Eltern nicht endlos hinter ihren Kindern herräumen, sondern sich irgendwann auch einmal Zeit für sich selbst nehmen. Darum soll der erwachsene Nachwuchs ausziehen, damit sich *alle* selbst finden und verwirklichen können. Aber natürlich haben Eltern auch das Recht, sich ganz anders zu entscheiden. Wenn sie für ihre Kinder lebenslang „Hotel Mama" spielen wollen, dann spricht auch nichts gegen ein solches Modell. Schwierig wird es nur, wenn die beteiligten Menschen unterschiedliche Vorstellungen haben, wenn die betroffenen Generationen sich nicht verständigen können, was sie für sich selbst wollen und von dem anderen erwarten.

… aber auch die Situation der Eltern

Ich persönlich würde mich der Auffassung des Richters anschließen, denn wenn sich erwachsene Menschen nicht auf ein Zusammenleben einigen können, dann muss meiner Meinung nach entscheidend sein, dass es sich hier um Erwachsene handelt und jeder Erwachsene laut Gesetz für sich selbst die Verantwortung zu übernehmen hat.

Gehe darauf ein, wie du als Richter im Fall Rotondo entschieden hättest
Schluss:
persönliche Stellungnahme zum Fall Rotondo mit ausführlicher Begründung

Natürlich haben Eltern die Pflicht, für ihr Kind zu sorgen, bis es erwachsen ist und eine Ausbildung abgeschlossen hat. Ziel sollte dabei aber naturgemäß immer sein, das Kind in die Lage zu versetzen, irgendwann einmal für sich selbst zu sorgen. Für Michael Rotondo ist es mit seinen 30 Jahren höchste Zeit, Verantwortung für sich selbst zu übernehmen.

(629 Wörter)

Text 2: Lyrik – Textbeschreibung

Hinweis: *Befolge beim Schreiben deiner Textbeschreibung genau die vorgegebenen Arbeitsanweisungen.*

- *Schreibe eine* **Einleitung** *mit den Basisinformationen (Titel, Autor, Thema des Textes). Orientiere dich beim Thema an den Schlüsselwörtern im Text. Oft hilft es auch, die Einleitung erst am Schluss zu schreiben, wenn alle anderen Aufsatzteile schon fertig sind und du den Text gut kennst.*
- *Im* **Hauptteil** *stellst du zunächst den formalen Aufbau des Gedichts dar, verwende dabei unbedingt Fachbegriffe (Vers, Reim, Strophe).*
- *Markiere dann alle Textstellen, in denen der Autor etwas über die Großstadt sagt. Wie stellt er die Stadt dar?*
- *Suche anschließend die Textstellen heraus, in denen etwas über die Gefühle der Besucher gesagt wird und mache dir so ein Bild über die Gefühlslage der Besucher. Formuliere deine Aussagen in eigenen Worten und belege sie mit passenden Textstellen.*
- *Verändere im* **Schluss** *die letzte Strophe so, dass die Geschichte für die Besucher gut ausgeht. Du kannst versuchen, die Verse umzuschreiben, sodass es sich weiterhin reimt; du kannst aber auch in ganz normalen Sätzen schreiben, wie du dir den veränderten Schluss vorstellen könntest. Du kannst eine kurze Stellungnahme voranstellen.*

Mögliche Lösung:

In dem Gedicht „Besuch vom Lande“ schildert der Dichter Erich Kästner, wie einige namenlose Besucher vom Lande Deutschlands Hauptstadt Berlin erleben. Die laute, moderne Großstadt wirkt fremd und verstörend auf sie. Sie verhalten sich verkehrt in dieser – für sie – verkehrten Welt, bis sie schließlich überfahren werden.

Nenne Autor, Titel und Thema des Gedichts
Einleitung mit Basisinformationen

Auf den ersten Blick macht das Gedicht mit seinen vier Strophen zu je fünf Versen einen eher aufgeräumten, geordneten Eindruck. Auch das Reimschema ist durchgängig gleich (abaab). Auf den zweiten Blick wirkt das Gedicht allerdings etwas kurzatmig und hektisch mit seinen zahlreichen kurzen Sätzen. Mehrere dieser Sätze bestehen nur aus einem Subjekt und einem Prädikat, z. B. „Die Bahnen rasseln“ oder „Die Autos schrein“ (V. 8), als wäre nicht genug Zeit oder Platz für weitere Informationen. In vier anderen Fällen fehlt sogar das Subjekt (V. 2, 5, 10 und 15).

Stelle den formalen Aufbau dar. Verwende die Fachbegriffe Strophe, Vers und Reim
Hauptteil: formaler Aufbau → Strophe , Vers, Reim
Welchen Eindruck vermitteln Form und Sprache?

Nicht nur der Satzbau des Gedichts lässt die Stadt so hektisch erscheinen. In der ersten Strophe heißt es, Berlin sei „zu laut“ (V. 2), in der zweiten Strophe wird es als „zu groß“ (V. 10) empfunden, in der dritten als „zu wild“ (V. 15). Die

Beschreibe, wie der Autor die Großstadt darstellt
Stadt im Blickpunkt

Besucher erleben eine Reizüberflutung durch die ungewohnte Lautstärke und das grelle Licht der Stadt: In Vers 3 heißt es: „Die Nacht glüht auf in Kilowatts." Eigentlich ist die Nacht ja dunkel, hier in Berlin erhellt aber künstliches Licht die Nacht. Entsprechend sehen die Besucher Häuser, die funkeln, und hören das laute Dröhnen der U-Bahn (vgl. V. 13). Dabei wird der Eindruck vermittelt, als hätte man es bei den Häusern, Bahnen oder Autos mit handelnden (Lebe-)Wesen zu tun. Am deutlichsten wird das in Vers 8, wenn es heißt: „Die Autos schrein." Sachlich betrachtet, können Autos nicht schreien – hier werden die Autos also personifiziert (vermenschlicht). Auf diese Weise wirkt die Stadt noch bevölkerter; sie ist voller Wesen – sie ist nicht nur „zu laut", „zu groß", „zu wild", sie ist auch zu voll. Auch in den Versen 11 und 12 erscheint die Stadt als lebendiges Wesen: „Es klingt, als ob die Großstadt stöhnt, weil irgendwer sie schilt."

Darstellung der Stadt:
- zu laut
- zu groß
- zu wild
- grelle Lichter
- Vermenschlichung von Häusern, Bahnen, Autos

Die Schilderung der Großstadt Berlin erfolgt ganz aus der Perspektive der Besucher vom Lande. Es geht um ihren subjektiven Eindruck. Sie empfinden die vielen Eindrücke als verstörend (vgl. V. 1), das heißt, die störenden Eindrücke verursachen eine starke und anhaltende Wirkung. Zudem wird der Besuch von einem „Fräulein", das „viel Haut" zeigt, „Schatz" genannt und zum Mitkommen aufgefordert (vgl. V. 4/5) – die Dame ist wohl eine Prostituierte, die Aufforderung ist eine Aufforderung zum (bezahlten) Sex und darum höchst unmoralisch – auf alle Fälle empfindet der Besuch es als „entsetzlich" (V. 5). Und so steht er da, der Besuch, in Erstaunen und Verwunderung versetzt: „Sie wissen vor Staunen nicht aus und nicht ein. Sie stehen und wundern sich bloß" (V. 6/7). Dass die Besucher „am liebsten zu Hause sein" (V. 9) möchten, zeigt, wie unwohl sie sich in der Stadt fühlen, wie sehr sie all das für sich ablehnen. Und in Vers 14 wird noch einmal betont, wie anders und fremd es in der Stadt doch ist, wenn es heißt, dass der Besuch „alles so gar nicht gewöhnt" ist. Schlussendlich spitzt sich die Situation für die Besucher in der letzten Strophe zu. Von

Arbeite heraus, wie sich die Besucher vom Lande in der Großstadt fühlen und belege deine Aussagen mit passenden Textstellen

Besucher im Blickpunkt

Gefühle der Besucher:
- sind verstört (V. 1)
- staunen (V. 6)
- wundern sich (V. 7)
- sind die Stadt nicht gewöhnt (V. 14)
- haben Angst (V. 16)
- sind bestürzt (V. 18)

ihrer „Angst“ (V. 16) ist hier die Rede, die schließlich sogar in Bestürzung umschlägt (vgl. V. 18). Sie kommen mit der Situation überhaupt nicht klar und werden am Ende sogar überfahren.

Ich denke, der glaubhafteste Weg raus aus dieser Situation wäre gewesen, sich nicht nur nach Hause zu wünschen, sondern auch auf den Weg zu machen. Die Besucher hätten sich umdrehen, den Potsdamer verlassen und nach Hause zurückkehren sollen. Dann hätte die vierte Strophe vielleicht auch so aussehen können:

„Sie machen vor Angst die Beine krumm.
Hier ist ja alles verkehrt.
Voll Heimweh nach Hause wollen sie d’rum.
Sie suchen ihr Glück und drehen sich um.
Der Besuch aufs Land wieder fährt.“

Verändere die letzte Strophe des Gedichts inhaltlich so, dass die Handlung für die Besucher gut ausgeht. Du musst nicht in Versen und Reimen schreiben.

Schluss:

Versuch einer Alternativlösung

(669 Wörter)

Text 3: Erzählung – Textbeschreibung

Hinweis: *Befolge beim Schreiben deiner Textbeschreibung genau die vorgegebenen Arbeitsanweisungen.*

- *Schreibe eine* **Einleitung** *mit den Basisinformationen (Titel, Autor, Thema des Textes). Orientiere dich beim Thema an den Schlüsselwörtern im Text. Oft hilft es auch, die Einleitung erst am Schluss zu schreiben, wenn alle anderen Aufsatzteile schon fertig sind und du den Text gut kennst.*
- *Fasse im* **Hauptteil** *zunächst den Inhalt des Textes knapp zusammen. Verwende als Zeitform das Präsens (Gegenwartsform)!*
- ***Markiere*** *dann die Textstellen, in denen etwas über die* **Gedanken und Gefühle** *des Jungen ausgesagt wird bzw. aus denen sich etwas über seine Gedanken und Gefühle ableiten lässt. Der Junge wird von zwei gegensätzlichen Gedanken bzw. Gefühlen gequält: einerseits dem Wunsch zu springen und es damit allen zu beweisen und andererseits der Angst vor dem Sprung und sein inneres Sträuben davor. Beschreibe auch die Gefühle, die er hat, nachdem er sich gegen den Sprung entschieden hat.*
- ***Bewerte*** *anschließend die Entscheidung des Jungen; sage, was du von seiner Entscheidung hältst.*
- *Stelle dann einen* **Bezug zu deinem eigenen Leben** *her, indem du die Botschaft des Textes auf dein eigenes Leben überträgst. Überlege, ob du selbst dich vielleicht schon einmal in einer ähnlichen Situation hast und wie du damit umgegangen bist.*
- *Mit einem kurzen* **Schlussgedanken** *rundest du deinen Aufsatz ab.*

Mögliche Lösung:

In ihrer Erzählung „Der Schritt zurück" thematisiert die Autorin Annette Rauert, wie schwierig es sein kann, wenn man sich zwischen den Erwartungen der Leute und seinen eigenen Gefühlen entscheiden muss. Es geht um Angst und Unsicherheit. Es geht aber auch darum, im eigenen Gewissen zu forschen und bewusst eine Entscheidung zu treffen.

Nenne Autor, Titel und Thema des Gedichts
Einleitung mit Basisinformationen

Die Erzählung setzt ein, als ein Junge offenbar am Rand eines Sprungbretts steht, das Wasser zehn Meter unter sich, und von seinem Trainer zum Sprung aufgefordert wird. Er sieht, wie die Leute ihn anstarren und er möchte sich keinesfalls blamieren. So steht er da oben und Angst und Zweifel plagen ihn. Sein Kopf ist voller Fragen. Sein Fuß schiebt sich langsam vor, doch dann richtet er sich auf und macht den „Schritt zurück". Er steigt vom Sprungturm und begegnet den Leuten unten gelassen mit erhobenem Kopf. Dass er sich so entschieden hat, lässt ihn vor sich selbst Achtung empfinden.

Fasse den Inhalt zusammen
1. Teil des Hauptteils
äußere Handlung

Die ganze Situation wird ausschließlich aus der Perspektive des Jungen geschildert. Es werden nur seine Gedanken wiedergegeben. Deshalb sind alle Aussagen zu den Erwartungen der Leute unten am Beckenrand auch nur bloße Vermutungen des Jungen: Dass die Leute eine Sensation verlangen, dass er glaubt, es sei eine Blamage, nicht zu springen – oder dass der Sprung der Beweis sei, ein Mann oder gar ein Held zu sein. So ist der Junge in seinem inneren Kampf zwischen Sprung und Rückzug eigentlich ganz allein. Es sind seine eigenen Gedanken und Erwartungen, mit denen er kämpft.

Beschreibe die Gefühle und Gedanken des Jungen

Gedanken:

Leute wollen Sensation sehen

Blamage, wenn er nicht springt

Beweis, dass er ein Held ist, wenn er springt

Voller Angst sträubt er sich gegen den Sprung. Wenn er die Leute unten am Boden sieht, dann glaubt er zu wissen, warum er springen soll. Doch dann beginnt er, sich Fragen nach dem Sinn zu stellen. Die Frage, wozu er überhaupt springen soll, geht wie ein Ruck durch seinen Körper und bringt die Veränderung und Entscheidung. Während der Junge sich nach dem Sinn fragt, schiebt sich sein Fuß langsam vor, der Rest seines Körpers zaudert aber und will nicht springen. Der innere Kampf spiegelt sich auch außen, an seinem Körper, wider. Dies ist der Moment höchster Anspannung und es ist der Spannungshöhepunkt. Zugleich ist es auch der Wendepunkt in der Erzählung „Der Schritt zurück". Denn auf genau diesen Moment folgt er: der Schritt zurück. Der Junge dreht sich um und klettert den Sprungturm herab.

Gefühle:

Angst

Frage nach dem Sinn

höchste innere Anspannung

Statt Fragen gibt es nun eine bewusste Entscheidung. Statt Angst und Unsicherheit fühlt der Junge Stärke und Gelassenheit. Er hat das Gefühl, eine Prüfung bestanden zu haben – die wichtigste seines Lebens. Er stand vor der Wahl, fremden Erwartungen oder seinem eigenen Gewissen zu folgen und er hat sich für seine eigene innere Stimme entschieden. So hat er sich von fremdem Druck und fremder Last befreit und steht nun aufrecht da mit erhobenem Kopf. Es ist, als hätte er sich selbst entdeckt – und die Achtung vor sich selbst.

Gefühlskarussell: Angst, Unsicherheit, Panik

dann: Stärke, Gelassenheit, Selbstachtung

Dass der Junge zum Schluss seinem eigenen Gewissen folgt, kann ich nur unterstützen. Denn schließlich ist er ganz allein derjenige da oben auf dem Sprungbrett; nur er trägt das Risiko, sich bei einem Sprung zu verletzen – oder verletzt zu werden, weil er nicht gesprungen ist. Deshalb ist es allein seine Entscheidung.

Bewerte seine Entscheidung
Entscheidung ist zu unterstützen

alleiniges Risiko des Jungen, deshalb seine Verantwortung

Dass der Junge so handelt, finde ich mutig, denn Widerstand ist bekanntermaßen oft anstrengender, als einfach das zu tun, was wohl erwartet wird. Dass er sich von fremden Erwartungen befreit, finde ich bewundernswert.

mutige, bewundernswerte Entscheidung

Ich denke, diese Erzählung soll die Leser*innen daran erinnern, auf ihre eigene innere Stimme zu hören und zu vertrauen und danach zu handeln. Ich finde, dass das eine wichtige Botschaft ist, denn die meisten Menschen werden in ihrem Leben irgendwann einmal mit so etwas wie Gruppenzwang konfrontiert. Bei mir ist es beispielsweise so, dass ich mich am Wochenende, wenn ich mit Freunden unterwegs bin, immer wieder genötigt fühle, auch ein paar Züge Shisha zu nehmen, um nicht als Spielverderber dazustehen. Eigentlich schmeckt mir das gar nicht und es ist ein unnötiges Risiko für meine Gesundheit. Warum tue ich es also trotzdem? Ich glaube, ich muss mir eingestehen, dass ich zu feige bin, mich anders zu verhalten. Vielleicht bin ich auch einfach nur zu faul zum Widerstand. So oder so finde ich jetzt, wo ich darüber nachdenke, mein Verhalten ziemlich dumm.

Stelle einen Bezug zu deinem eigenen Leben her

Botschaft des Textes auf eigenes Leben übertragen

konkretes Beispiel: Shisha rauchen

Der Junge aus der Geschichte hat mich wirklich beeindruckt. Ich habe mir vorgenommen, in Zukunft auch selbstbewusster darüber nachzudenken, ob ich bestimmte Dinge tue oder doch besser lasse.

Schlussgedanke: Ausblick (Appell an mich selbst)

(681 Wörter)

Hauptschulabschlussprüfung in Baden-Württemberg
Lösungsvorschläge Deutsch 2021

Teil A 1

Textverständnis

1. *Mögliche Lösungen:*
   - Drang nach Individualität/Vorsprung vor anderen haben wollen
   - „Geschenk" zu einem neuen Lebensabschnitt
   - Suche nach Risiko/neuen Reizen

   Hinweis: *vgl. Z. 17–23, Z. 15/16. Um die volle Punktzahl zu erhalten, musst du* ***zwei Gründe*** *nennen.*

2. a) richtig

   Hinweis: *vgl. Z. 8*

   b) falsch

   Hinweis: *vgl. Z. 23/24*

   c) falsch

   Hinweis: *vgl. Z. 39/40*

3. *Mögliche Lösungen:*
   - Menschen mit Tätowierungen sind experimentierfreudiger.
   - Sie sind risikobereiter.
   - Sie sind häufiger offen für Neues.
   - Sie sind abenteuerlustig.
   - Sie sind kommunikativer, gesprächiger.

   Hinweis: *vgl. Z. 13–16, Z. 30/31. Um die volle Punktzahl zu erhalten, musst du* ***drei Beispiele*** *nennen.*

4. - Kleidung
   - Frisur
   - ungewöhnliche Hobbys
   - Körperschmuck

   Hinweis: *vgl. Z. 20/21. Auch „Tätowierungen" und „Klamotten" sind als Antwort möglich.*

Sprachgebrauch

5. a) *Personalpronomen:* ich, du, er, sie, es, wir, ihr, sie
   b) *Verb in der Grundform:* stechen, tätowieren, spielen, sitzen …
   c) *Konjunktion:* und, oder, denn, weil, aber, obwohl …
   d) *Präposition:* in, auf, unter, über, neben, bei, mit, nach, von, zu …

   ***Hinweis:** Du musst jeweils nur **ein Beispiel** pro Wortart nennen.*

6. a) Auf einen kurzen betonten Vokal folgen zwei Konsonanten; hier ein Doppelkonsonant. Durch Schwingen in Sprechsilben werden die zwei mm in „**imm**er" hörbar: → **im** – **m**er.
   b) Es handelt sich bei „Außergewöhnliches" um die Nominalisierung des Adjektivs „außergewöhnlich". Deshalb wird es großgeschrieben. Das Signalwort *nichts* weist auf die Nominalisierung hin.

   ***Hinweis:** zu a: Indem du das Wort in Silben zerlegst, hörst du die beiden m-Laute deutlich. Zu b: Das Adjektiv „außergewöhnlich" wird in diesem Satz wie ein Nomen verwendet, deshalb wird es großgeschrieben. Man nennt das „Nominalisierung". Das unbestimmte Zahlwort „nichts" signalisiert die Nominalisierung (nichts Außergewöhnliches, viel Schönes …).*

7. a) markieren
   b) Beweggrund
   c) akzeptiert

   ***Hinweis:** zu a: vgl. Z. 8/9, zu b: vgl. Z. 18, zu c: vgl. Z. 42 („Akzeptanz"). Du kannst auch andere Wörter einsetzen, als die, die im Text stehen bzw. solche, die du aus dem Text ableiten kannst. Du könntest „Motivation" also z. B. auch durch „Antrieb", „Triebfeder" oder „Anstoß" ersetzen und „geduldet" durch „angenommen", „gebilligt" oder „gutgeheißen". Aber Achtung: Du musst sicher sein, dass sie vom Sinn her ebenso gut passen. Greife ansonsten lieber auf die Wörter aus dem Text zurück.*

8. a) Es ist nicht leicht zu erklären**,** warum sich manche Menschen tätowieren lassen.

   ***Hinweis:** Haupt- und Nebensatz werden durch ein Komma voneinander abgetrennt. Hier wird der Nebensatz durch das Fragewort „warum" eingeleitet. Den Nebensatz erkennst du daran, dass das gebeugte Verb („lassen") am Ende steht.*

   b) Motive für ein Tattoo sind zum Beispiel ein Einhorn**,** ein Delfin**,** ein Schriftzeichen oder ein aufwändiges Bild.

   ***Hinweis:** Die Regel lautet: Die einzelnen Glieder einer Aufzählung werden durch Komma getrennt, es sei denn, sie sind durch „und" oder „oder" miteinander verbunden.*

c) **„**Morgen werde ich mir ein Tattoo stechen lassen**“,** sagt die 18-jährige Tochter zu ihrer Mutter.

Hinweis: *Direkte/wörtliche Rede wird durch Anführungszeichen gekennzeichnet. Ein nachfolgender Redebegleitsatz wird durch Komma abgetrennt.*

9. a) Er **hat** sich für ein Tattoo am Oberarm **entschieden**.

Hinweis: *Das Perfekt wird aus den Hilfsverben „sein“/„haben“ und dem Partizip II gebildet. → z. B. hat … gegessen, ist … verbrannt.*

b) Seine Tätowierung auf dem Rücken **gefällt** ihm nicht mehr.

Hinweis: *Das Präsens wird durch Anhängen der Präsensendungen -e, -st, -t und -en an die Basis gebildet. Die Basis erhält man durch Abtrennen der Endung -en vom Infinitiv des Verbs: gefallen → gefall → gef**ä**ll-**t**. Hier muss zusätzlich noch das a zu ä umgelautet werden.*

c) Am Montag **wird** er sich im Tattoo-Studio **beraten lassen**.

Hinweis: *Das Futur I wird mit dem Hilfsverb „werden“ und dem Infinitiv gebildet. Das gebeugte Verb, das im Präsens auf Position zwei steht („lässt“), wird im Futur I im Infinitiv ans Satzende gestellt.*

Teil A 2

Lektüre „Der Sonne nach“ von Gabriele Clima

10. *Mögliche Lösungen: Themenfelder im Buch*
- Freundschaft
- Abenteuer
- Entwicklung
- Behinderung
- Inklusion von Menschen mit Behinderung
- Toleranz gegenüber Andersdenkenden
- Konflikte mit Erwachsenen, Eltern, Schule
- Verlassen werden
- Schuld, Verantwortung

Hinweis: *Du musst **drei Themenfelder** nennen, um die volle Punktzahl zu erreichen. Auch andere als die hier genannten Themen können möglich sein.*

11. Kapitel 3: Dario lernt Andy kennen.
Kapitel 6: Sie steigen in den Zug.
Kapitel 9: Andy und Dario sitzen am Meer.
Kapitel 13: Rak motorisiert den Rollstuhl.

Kapitel 20: Sie übernachten in einer Kirche.
Kapitel 25: Bei der Party lässt Dario Andy eine Weile allein.
Kapitel 29: Ankunft bei Darios Vater.
Kapitel 32: Dario und die Nonne retten einen verletzen Vogel.
Kapitel 36: Andy und sein Vater besuchen Dario zu Hause.

Hinweis: *Die Lektüre hast du in der Prüfung vorliegen. Wenn du gut vorgearbeitet hast, kannst du über deine Randnotizen die richtigen Kapitel schnell finden.*

12. • Sie lächelt ununterbrochen ihr süßes Lächeln. Auf Dario wirkt das Lächeln falsch und unecht.
    • Sie spricht *über* Andy, aber nicht *mit* ihm.
    • Sie achtet nicht darauf, was Andy möchte. Sie schiebt ihn z. B. in den Wintergarten statt raus an die Sonne.

    Hinweis: *vgl. S. 14–16 im Roman*

13. Andy sagt „Onne“. Er möchte in die Sonne, er ist fasziniert von der Sonne und möchte nach draußen. Dario fährt ihn raus auf den Pausenhof.

    Hinweis: *vgl. S. 17/18 im Roman*

14. *Mögliche Lösungen:*
    • Andy „spricht“ und „antwortet“ jetzt viel besser.
    • Er bewegt sich viel besser, zielgerichteter
    • Er zeigt (häufiger) Reaktionen.

    Hinweis: *vgl. S. 148/149 im Roman. Du musst* ***zwei*** *Veränderungen nennen.*

15. Brief

Ort, Datum — *Ort und Datum*

Hallo Andy, — *Anrede*

wir haben uns ja schon länger nicht mehr gesehen, wie geht es dir?

einleitender adressatenorientierter Satz

Ich habe in der letzten Zeit über vieles nachgedacht, vor allem über unsere Reise – die war der Hammer! Allerdings muss ich mich echt bei dir entschuldigen, wie so manches gelaufen ist. Es tut mir wirklich leid, dass ich in der Nacht am Strand nicht besser auf dich aufgepasst habe – und auch, dass ich auf der Party einfach mit Tiffany abgetaucht bin. Ich hoffe, du musst nie wieder im Leben so frieren, wie damals

Nenne zwei Dinge, für die sich Dario bei Andy entschuldigt
1. Hat am Strand nicht gut auf Andy aufgepasst
2. Hat Andy auf Tiffanys Party allein gelassen

am Strand – und hast auch das ganze Party-Makeup wieder runtergekriegt ☺. Im Ernst … Entschuldige, dass ich manchmal so ein Idiot war!

Du dagegen warst auf unserem Trip wirklich ein toller Freund: Ich werde nie vergessen, wie du mir den blauen Stein gegeben hast. Noch nie hat mir jemand so viel Mut geschenkt, wie du in diesem Augenblick. Manchmal denke ich, du hast mich die ganze Reise über besser verstanden als ich mich selbst. Danke dafür!

Beschreibe eine Begebenheit mit Andy, über die sich Dario gefreut hat
Geschenk des blauen Steins

Es ärgert mich total, dass so viele Menschen ausgerechnet dich wie einen verständnislosen Idioten behandeln – ausgerechnet dich. Elisa lässt dich im Wintergarten zu Tode schwitzen, Tiffanys Partygäste schmücken dich wie einen Tannenbaum … Das sind die wahren Idioten! Die verstehen nichts, gar nichts! Aber was soll's …

Erzähle von einer Situation, in der sich Dario über andere Menschen geärgert hat
Ärger über Elisa und Tiffanys Partygäste

Mein Vater versteht auch nichts, gar nichts! Ich habe mir vorgenommen, dass mir das ab heute egal ist – dass *er* mir ab heute egal ist. Wichtig ist, dass wir zwei uns so gut verstehen. Lass uns doch mal wieder auf Tour gehen! Muss ja nicht gleich nach Italien gehen ☺. Wir könnten ja auch einfach im Einkaufszentrum in der Stadt Rolltreppe fahren. Oder so. Was meinst du?

Schreibe auf, was sich Dario vielleicht für die Zukunft wünschen würde
wieder zusammen verreisen, Rolltreppe fahren

Bis dann!
Dein Dario

Grußformel und Unterschrift

Hinweis: *Arbeite die inhaltlichen Vorgaben aus der Aufgabenstellung am besten nacheinander ab. Sammle Ideen zu den einzelnen Punkten und notiere dir Stichpunkte. Beachte beim Verfassen des Briefs die formalen Merkmale: Anrede, Ort und Datum, Grußformel und Unterschrift. Schreibe in der Ich-Form und verwende eine Sprache, die zur Figur Dario passt. Da es sich um einen Jugendlichen handelt, kannst du auch ab und zu umgangssprachliche Ausdrücke verwenden.*

oder:

Dialog

MUTTER: „Ich hab mir Sorgen um euch gemacht."

DARIO: „Ich weiß, Mama! Und das tut mir auch leid ... Aber ich musste einfach gehen! Ich musste endlich nach Italien und meinen Vater besuchen. Ich wollte endlich wissen, wie er da lebt, unter dieser Postkartenadresse ... Und ob es sich für ihn gelohnt hat, uns hier einfach sitzenzulassen. Ich musste ihn fragen, warum er damals vor neun Jahren gegangen ist."

Er erzählt, wodurch er auf die Idee gekommen ist, nach seinem Vater zu suchen

will wissen, wie Vater unter „Postkartenadresse" lebt

MUTTER: „Ich hatte keine Ahnung, dass dich das alles immer noch so beschäftigt, Dario."

DARIO: „Ich wollte ja auch nicht, dass du das weißt. Aber ich hab mich halt immer gefragt, ob *ich* vielleicht etwas falsch gemacht habe, damals vor neun Jahren ..."

MUTTER: „Oh, Dario ..."

DARIO: „Und da bin ich mit Andy in den Zug nach Italien eingestiegen, als der auf einmal vor uns stand. Wir sind einfach eingestiegen – wir waren ja auch auf der Flucht vor den Polizisten – dabei wollten die eigentlich gar nichts von uns. Aber egal, es war schon eine spannende Sache, einfach so in den Zug zu steigen und loszufahren. Ohne Gepäck, ohne Fahrkarte. War aufregend, als der Schaffner auftauchte. Aber der hat uns nicht erwischt!
Wir wurden nie erwischt, Andy und ich. Auch als wir mit dem Rakmobil in Italien auf zwei Polizisten trafen, dachte ich echt, jetzt landen wir auf dem Polizeirevier – und ich im Knast ... wegen Entführung eines Behinderten oder so."

Dario berichtet, warum er mit Andy in den Zug gestiegen ist

→ Flucht vor Polizei

Er spricht von zwei spannenden Erlebnissen

Zugfahrt ohne Fahrkarte

Fahrt mit Rakmobil

MUTTER: „Nun, ich denke, dir ist mittlerweile auch klar, dass das nicht in Ordnung war, Andy mitsamt Rollstuhl einfach so mitzunehmen!"

DARIO: „Natürlich weiß ich das! Aber Andy hat in den letzten Wochen irre Fortschritte gemacht, kann sich viel besser bewegen und sprechen – und das ist eben auch auf unseren Italien-Trip zurückzuführen.

Er erzählt, wie sich Andy verändert hat
→ große Fortschritte

Wir sind eben ein echt gutes Team, Andy und ich. Wir verstehen uns einfach – auch ohne Worte. Auch wenn Andy nicht klar sagen kann, was er will, nehme ich ihn und seine Wünsche ernst. Wenn er zum Beispiel Rolltreppe fahren will, dann fahren wir halt Rolltreppe. Du kannst dir nicht vorstellen, wie viel Spaß ihm das macht!

Er nennt zwei schöne oder lustige Ereignisse

Rolltreppe fahren

Und wir mögen beide Musik. Darum sind wir auch mal in einer Kirche gelandet. Wegen der Musik. Wegen der Kirchenmusik. Andy fand das klasse. Wir haben sogar in der Kirche übernachtet – und irgendwie war das schön. Das war irgendwie … besonders. Verstehst du, was ich meine?“

Erlebnis in der Kirche

MUTTER: „Ja, mein Sohn, ich verstehe ganz genau, was du meinst. Das mit Andy und dir, das … macht auch Spaß. Das ist schön, das ist etwas Besonderes.“

DARIO: „Ja, Mama, genau!“

Hinweis: *Sammle Ideen zu den einzelnen Punkten und notiere dir Stichpunkte. Formuliere deine Stichpunkte anschließend aus. Arbeite alle inhaltlichen Vorgaben aus der Aufgabenstellung ab. Du kannst die Reihenfolge der Teilaufgaben dazu auch etwas verändern. Wichtig ist, dass du alle Teilaufgaben bearbeitest und keine vergisst. Versuche immer, passende Fakten aus dem Buch zu erwähnen, aber berücksichtige auch Darios Innenleben – was denkt oder fühlt er wohl? Achte beim Schreiben des Dialogs auch auf die formale Form: Schreibe den Namen des jeweils Sprechenden und setze einen Doppelpunkt dahinter. Fange immer eine neue Zeile an, wenn der Sprecher wechselt.*

Teil B

Aufgabe 1: Erörterung

__Hinweis:__ Orientiere dich bei deiner Erörterung an den __vorgegebenen Teilaufgaben__. Beantworte alle Teilaufgaben ausführlich. Wenn du argumentierst, achte darauf, __vollständige Argumente__ zu formulieren. Zur Erinnerung: Ein vollständiges Argument besteht aus einer Behauptung, einer Begründung und einem oder mehreren Beispielen. Verwende das Präsens und achte auf eine sachliche Sprache.

Lösungsvorschlag:

In dem Text „Kündigungsgrund: Tätowierung" geht es darum, welchen Einfluss Tätowierungen in unserer modernen Gesellschaft auf die beruflichen Perspektiven eines Menschen haben.

Nenne anfangs den Titel …
Einleitung mit Basisinformationen

In dem Text wird zum einen aufgezeigt, dass immer mehr Menschen heutzutage ein Tattoo haben – lange schon sind es nicht mehr vor allem Seeleute oder kriminelle Außenseiter der Gesellschaft, die diesen Körperschmuck tragen. Unter den befragten Führungskräften beispielsweise sind bereits 60 Prozent tätowiert.

… und gib kurz den Inhalt des Textes wieder
Hauptteil:
einerseits: immer mehr Menschen tragen Tattoos

Zum anderen wird ein Urteil des Verwaltungsgerichts Darmstadt angeführt, nach dem es rechtmäßig ist, dass eine junge Frau aufgrund eines größeren Tattoos am Arm nicht für eine Ausbildung im Polizeidienst zugelassen worden ist.

andererseits: Urteil gegen Polizeianwärterin

Im Folgenden wird das Recht des Arbeitsgebers erklärt, der über das Erscheinungsbild der Mitarbeiter und damit den Eindruck, den diese in der Öffentlichkeit vermitteln, bestimmen darf. Zum Fall der jungen Frau, die Polizistin hatte werden wollen, wird weiterhin ausgeführt, dass die Entscheidung des Darmstädter Verwaltungsgerichts bei einer kleineren Tätowierung vermutlich anders ausgefallen wäre.

*Recht des Arbeitgebers über Erscheinungsbild der Mitarbeiter*innen mitzubestimmen*

Größe des Tattoos spielt eine Rolle

Abschließend folgt noch der Hinweis auf eine mögliche, aber schmerzhafte Entfernung von Tattoos per Laser sowie der Tipp, sich vorher ausführlich beraten zu lassen – und gut zu überlegen, was man tut.

Möglichkeit der Tattoo-Entfernung

Das Beispiel der jungen Frau, die wegen ihres Tattoos keine Polizistin werden wird, zeigt, dass Tattoos, die nicht konsequent versteckt werden können, doch Einfluss auf die be-

Benenne mindestens drei Beispiele für …

rufliche Zukunft eines Menschen haben können. Dabei geht es Polizisten ebenso wie Flugbegleitern, Servicekräften oder auch Bankangestellten. Hier achtet der Arbeitgeber höchstwahrscheinlich auf Tätowierungen. Alle diese Berufsgruppen haben eine Kleidervorschrift. Die Beamten oder Angestellten tragen eine Uniform – im Fall der Bankangestellten eine Art Uniform –, die Vertrauen vermitteln und versichern soll, dass alle Träger*innen der Uniform gleichermaßen korrekt, d. h. nach Vorschrift, im Sinne ihrer Institution, handeln. Dass zum Beispiel alle Bankmitarbeiter mit Kundenkontakt gleichermaßen seriös gekleidet sind (in der Regel tragen sie Anzug oder Kostüm), soll dem Kunden signalisieren, dass die Bedingungen seines Kredits in diesem Haus nicht von Persönlichem abhängen, sondern nur von der Institution Bank selbst.

… Berufe, bei denen der Arbeitgeber vielleicht auf Tätowierungen achtet

*– Polizist*innen*
*– Flugbeleiter*innen*
– Servicekräfte
– Bankangestellte

Argument für das Mitspracherecht des Arbeitgebers

Ich selbst möchte beruflich als Friseurin arbeiten, deshalb werde ich wegen meiner Tattoos wohl keine Probleme mit meinem Chef bekommen. Meine Tattoos sind mein Aushängeschild. Sie machen mich schöner und stylischer. Und schön und stylisch sollte eine Friseurin ja sein.

Ich denke, dass Friseure zu Tattoos eine positive Einstellung haben, denn sie zeugen von Individualität. Kundinnen und Kunden möchten heutzutage einen typgerechten, individuellen Haarschnitt. Da sollte auch die Friseurin individuell und typgerecht aussehen. Deshalb sind aus meiner Sicht Tattoos bei einer Friseurin eher als Eigenwerbung zu verstehen.

Nenne deinen Berufswunsch und gehe darauf ein, wie der zukünftige Arbeitgeber vermutlich zu Tätowierungen steht

Berufswunsch: Friseurin

Haltung des Chefs: eher positiv

Ich liebe meine Rosentattoos und auch die Sterne – das bin ich. Privat – und im Job. Wenn mein Chef nun überraschenderweise doch ein Problem mit meinen Tattoos haben sollte, dann hätte er folgerichtig ein Problem mit mir, mit meiner Persönlichkeit. Dann stimmt es nicht zwischen diesem Chef, seinem Salon und mir als Person. In diesen Betrieb würde ich nicht hineinpassen. Das wäre aber nicht schlimm, in einem solchen Fall würde ich meinen Ausbildungsbetrieb wechseln. Meine Tattoos sind eng mit meiner Persönlichkeit verbunden, deshalb würde ich nicht auf sie verzichten.

Würdest du auf eine Tätowierung verzichten, weil dein Arbeitgeber Tätowierungen ablehnt? Begründe deine Haltung

würde nicht auf Tattoos verzichten

→ Tattoos sind eng mit eigener Persönlichkeit verbunden

Noch einmal zurück zu der jungen Frau, die wegen ihres Tattoos nicht zum Polizeidienst zugelassen wurde. Ich denke, dass ich das Darmstädter Urteil mitsamt Begründung sehr gut nachvollziehen kann. Wir leben in einer sehr bunten Welt, wir dürfen so individuell und verschieden sein wie noch keine Generation vor uns und Toleranz ist das Gebot der Stunde. Ich finde nur, dass Solidarität und Gemeinschaft genauso wichtig sind. Und Gemeinschaft braucht verbindliche Regeln, auf die jeder vertrauen kann. Wir brauchen auch Menschen, die unsere Regeln und Werte in ihren Berufen vertreten und schützen. Und genau dafür steht die Uniform. Und genau da stören auch mich sichtbare Tattoos. Wenn jemand zum Beispiel einen Polizisten angreift, dann muss ihm klar sein, dass er nicht diesen einen Menschen angreift, sondern den ganzen Staat, was viel schwerer wiegt und darum viel härter geahndet wird, als der Angriff auf eine Privatperson. Und aus diesem Grund sollte es auch dringend vermieden werden; dazu ermahnt die Uniform. Es geht nicht immer um das Individuum.

(661 Wörter)

Schluss:
Stellungnahme zur Ausgangsfrage

Darmstädter Urteil gut nachvollziehbar

Individualität und Freiheit wichtig

Solidarität und Gemeinschaft ebenso

Menschen, die verbindliche Werte und Regeln schützen, werden gebraucht – dafür steht Uniform

Aufgabe 2: Textbeschreibung Lyrik

Hinweis: *Befolge beim Schreiben deiner Textbeschreibung die vorgegebenen Arbeitsanweisungen.*

- *Schreibe eine* **Einleitung** *mit den Basisinformationen (Titel, Autor, Thema des Textes). Orientiere dich beim Thema an den Schlüsselwörtern im Text.*
- *Im* **Hauptteil** *stellst du zunächst den formalen Aufbau des Gedichts dar, verwende dabei unbedingt die genannten Fachbegriffe (Vers, Reim, Strophe).*
- ***Markiere*** *dann alle* **Textstellen**, *in denen das lyrische Ich über die Natur spricht – Du kannst z. B. verschiedene Farben für verschiedenen Naturbereiche verwenden (Pflanzen, Tiere, Wetter, Jahreszeiten …).*
- *Überlege: Wie wird die* ***Natur dargestellt****? Und welche* **Stimmung** *wird durch diese Darstellung erzeugt? Ist die Stimmung fröhlich, traurig …? Formuliere deine Aussagen in eigenen Worten und belege sie mit passenden Textstellen.*
- **Berichte** *anschließend* **von einer Situation**, *in der du dich – ähnlich wie das lyrische Ich – einmal so sehr über etwas gefreut hast, dass du die ganze Welt hättest umarmen können.*
- *Runde deine Textbeschreibung am* **Schluss** *mit einem kurzen Fazit ab.*

Lösungsvorschlag:

In dem Gedicht „Sozusagen grundlos vergnügt" von Mascha Kaléko beschreibt das lyrische Ich verschiedenste Erlebnisse in der Natur als vielfältige Gründe, sich zu freuen und glücklich zu sein. In der eigenen Zufriedenheit und Freude erfährt das lyrische Ich den Sinn des Lebens.

Nenne Autorin, Titel und Thema des Gedichts

Einleitung mit Basisinformationen

Das Gedicht besteht aus drei Strophen. Die ersten beiden Strophen enthalten je acht, die dritte Strophe zehn Verse.
Das unregelmäßige Reimschema des Gedichts ist sehr auffällig. Die erste Strophe besteht aus einem umarmenden Reim (abba) und zwei darauf folgenden Paarreimen (ccdd). Die zweite Strophe setzt sich aus vier Paarreimen (aabbccdd) zusammen. Die dritte und längste Strophe beginnt mit einem Kreuzreim (abab) und wird mit drei aufeinanderfolgenden Paarreimen (ccddee) fortgeführt. Es scheint, als wolle sich das Gedicht auch formal nicht beschränken, sondern mit der Vielfalt der Möglichkeiten spielen. Entsprechend findet sich in dem Gedicht auch eine Vielfalt verschiedener Satzkonstruktionen: knappe Aufzählungen (vgl. V. 2), kurze Subjekt-Prädikat-Verbindungen (vgl. V. 6) sowie unvollständige Sätze (vgl. V. 8) und ausführlichere Satzkonstruktionen (vgl. V. 11/12).

Stelle den formalen Aufbau dar. Verwende die Fachbegriffe Strophe, Vers und Reim

Hauptteil: formaler Aufbau → Strophe, Vers, Reim

Welchen Eindruck vermitteln Form und Sprache?

Das Gedicht beginnt mit einer Auflistung schöner Naturerlebnisse, die die Vielfalt der Jahreszeiten und die Lebendigkeit der Natur widerspiegeln: Es „regnet, hagelt, friert und schneit“ (V. 2) im Winter, im Frühling blühen „Heckenrosen und Holunder“ (V. 4), im Sommer stechen die Mücken und singen die Spatzen und Amseln (vgl. V. 5–8). Diese Naturdarstellungen reichen bis in die ersten Verse der zweiten Strophe hinein. Auffällig sind die vielen Stabreime wie „Heckenrosen und Holunder“ (V. 4), „Brummer brummen“ (V. 6) oder auch „Spatzen schwatzen“ (V. 8). Unmittelbar auf die schwatzenden Spatzen folgt der Gegensatz, „dass Fische schweigen“ (V. 8).

Beschreibe, wie die Natur dargestellt …

Vielfalt der Natur zu den unterschiedlichen Jahreszeiten

Stabreim/Alliteration (gleicher Anlaut von zwei oder mehr Wörtern)

Gegensatz

Die Darstellung der Natur erzeugt eine überaus fröhliche, freudig Stimmung. Das lyrische Ich genießt die Vielfalt seiner Naturerlebnisse mit allen Sinnen und vor allem spielerisch und leicht. Es genießt das Leben, die einfache, unmittelbare Freude und bringt dies auch in den letzten vier Versen des Gedichts zum Ausdruck:

… und welche Stimmung dadurch erzeugt wird

fröhliche, freudige, ausgelassene, lebendige Stimmung

> „Ich freue mich, dass ich mich an das Schöne
> Und an das Wunder niemals ganz gewöhne.
> Dass alles so erstaunlich bleibt, und neu!
> Ich freu mich, dass ich … Dass ich mich freu.“

Diese zentrale Botschaft des lyrischen Ichs richtet sich, wie aus dem Mittelteil des Gedichts hervorgeht, gegen und vielleicht auch gerade an die „Neunmalklugen“ (V. 13), denen in Vers 14 kritisch entgegengeschleudert wird: „Man kann nicht alles mit dem Kopf verstehn!“ Die Wichtigkeit dieser Aussage wird mit dem ersten Ausrufezeichen des Gedichts betont. Und es folgt in Vers 15 ein einfaches Statement als weiterführende Erläuterung: „Ich freue mich. Das ist des Lebens Sinn.“

zentrale Botschaft des lyrischen Ichs:

nicht das Denken, sondern das Fühlen steht im Vordergrund

In der einfachen, unmittelbaren Freude liegt für das lyrische Ich der Sinn des Lebens, von dem es schon festgestellt hat, dass „die Neunmalklugen ihn nicht sehn.“ (V. 13) Das Wunder lässt sich nicht rational verstehen. Doch durch die einfache Freude an der bloßen Existenz (vgl. V. 16) „erklettert man die Leiter / Die von der Erde in den Himmel führt." (V. 19/20)

Ich erinnere mich noch gut, wie es mir vor zwei Jahren einmal so ging, dass ich überwältigt war von den Wundern dieser Welt. Es war im Sommerurlaub in der Türkei und es war mein erster Segeltörn. Die Nachbarn meiner Oma hatten uns alle eingeladen. Es war strahlendes Sommerwetter. Der Wind war warm. Das Meer war ruhig. Und wir glitten ganz schwerelos über das blaue Wasser. Es war, als würde die Zeit stillstehen, als hätte die Erde aufgehört, sich zu drehen. Ich hatte das Gefühl, ins Endlose zu segeln. Um mich herum war alles still und laut zugleich. Einfach unbeschreiblich! Ich hätte in diesem Moment die ganze Welt umarmen können.

Berichte von einer Situation, in der du dich selbst so gefreut hast, dass du die ganze Welt umarmen wolltest

Erlebnis Segeltörn

Eine solche Lebensfreude trägt vermutlich jede*r tief in sich. So lange man bereit ist, den „neunmalklugen" Kopf auch einmal auszuschalten, kann man diese Freude fühlen.

Schluss

(655 Wörter)

Aufgabe 3: Textbeschreibung Prosa

Hinweis: *Orientiere dich bei deiner Textbeschreibung an den* ***vorgegebenen Teilaufgaben****. Eine Textbeschreibung beginnt in der Regel mit der Nennung der* ***Basisinformationen*** *und einer kurzen* ***inhaltlichen Zusammenfassung****. Auch wenn diese hier nicht ausdrücklich gefordert ist, solltest du die wichtigsten inhaltlichen Punkte knapp zusammenfassen und deinem weiteren Text voranstellen. Verwende die Zeitform* ***Präsens*** *und benutze eine* ***sachliche Sprache****. Achte darauf, dass du deine* ***wichtigsten Aussagen*** *durch den Verweis auf Textstellen* ***belegst****.*

Lösungsvorschlag:

Nenne Titel, Autor und Thema der Erzählung

Basisinformationen

In der Kurzgeschichte „Im Abseits" von Torsten Löschmann geht es um einen Vater, der sich nach einer Niederlage seines Fußballvereins selbst ins familiäre Abseits stellt.

knappe Zusammenfassung des Inhalts

Ein Ehemann und Vater ist allein zu Hause; seine Frau verbringt das Wochenende mit einer Freundin, die 15-jährige Tochter ist auf einer Party. Der Mann schläft während eines Fußballspiels, das er sich im Fernsehen ansieht, ein. Als er spät wieder aufwacht, stellt er fest, dass seine Tochter noch nicht zurück ist. Er schließt daraus, dass sie mal wieder nicht rechtzeitig nach Hause kommt. Daraus, dass ihre Winterjacke im Flur hängt, schließt er, dass sie wieder einmal mit zu dünner Jacke losgegangen ist. Als er die Tochter auf dem Handy anruft, muss er feststellen, dass sie es gar nicht mitgenommen hat. Wütend und in Sorge geht er in ihr Zimmer, um herauszufinden, mit wem und wo sie unterwegs ist. Als er das Licht anknipst, weckt er die Tochter, die nach ihrer pünktlichen Heimkehr leise ins Bett gegangen ist, um ihren schlafenden Vater nicht zu wecken.

Beschreibe die beiden Hauptpersonen und deren Beziehung zueinander

vorbildliches Verhalten der Tochter

Die Tochter hat sich hier vorbildlich verhalten. Ihr Verhalten passt somit gar nicht zu dem Bild, das der Vater von ihr zeichnet, während er auf sie wartet: „Typisch" (Z. 18) soll für sie sein, dass sie sich nicht an Absprachen hält, dass sie „unzuverlässig" (Z. 33) ist und sich „einen Dreck" (Z. 31/32) darum schert, was andere fühlen oder denken.

schlechtes Bild des Vaters von der Tochter

Offensichtlich ist das Familienleben nicht immer harmonisch: Der Vater denkt missmutig an die drohende „Standpauke seiner seiner Frau" (Z. 14), legt sich aber gleichzeitig schon die Worte für die „Strafpredigt" (Z. 24) zurecht, die er seiner Tochter halten will.

Andererseits macht sich der Vater zweifellos „große Sorgen“ (Z. 32) um seine Tochter. Er liebt sie und möchte sie vor Unheil bewahren. Seiner Meinung nach hat sie „keine Ahnung, was einem Mädchen in der Nacht alles passieren konnte“ (Z. 19/20). Doch mehr als die Angst bestimmt der Ärger das Verhalten des Vaters an diesem Abend.

andererseits: besorgter Vater, der seine Tochter liebt

Dass die Beziehung zwischen Vater und Tochter insgesamt eher angespannt ist, zeigt sich daran, dass der Vater so viele voreilige Schlüsse zieht, was das Verhalten seiner Tochter betrifft.

Beziehung insgesamt eher angespannt

Die Wut des Vaters entwickelt sich nach und nach. Zunächst beginnt der Abend „entspannt“ (Z. 1) bei einem Fußballspiel vor dem Fernseher. Dann verschläft er allerdings das Spiel und als er wieder aufwacht, kippt die Stimmung: Er erfährt von der Niederlage seines Vereins und beginnt zu fluchen. Zunehmend steigert er sich in seine schlechte Laune hinein und fängt schließlich an, sich über die vielen „Malwieder“ in seinem Leben zu ärgern: Die Tochter „hatte mal wieder nur ein dünnes Jäckchen angezogen“ (Z. 12/13), denn ihre Winterjacke hängt im Flur. Außerdem kommt sie mal wieder zu spät nach Hause. Mal wieder hält sie sich nicht an die Absprache. Mal wieder meldet sie sich nicht, mal wieder hat sie das Handy nicht mitgenommen, denn das hört er im Flur summen.

Stelle dar, wie sich die Wut des Vaters entwickelt und nenne die einzelnen Gründe dafür:

– wertvolle Freizeit verschlafen

– Niederlage seines Fußballvereins

– Tochter trägt zu dünne Jacke

– sie kommt zu spät nach Hause

– sie meldet sich nicht

– sie hat ihr Handy nicht dabei

Auf seiner wilden Suche nach dem Handy zerreißt er die Jacke der Tochter, stürmt in ihr Zimmer, durchwühlt ihren Schreibtisch und reißt sie damit aus dem Schlaf.

zerreißt Jacke auf der Suche nach dem Handy

Der ganze angestaute Frust des Mannes explodiert in dieser Nacht, als er auf seine Tochter wartet. In letzter Sekunde erkennt der Vater seinen Fehler: Die Tochter liegt im Bett, nichts ist ihr vorzuwerfen. Erst jetzt wird er „etwas sanfter“ (Z. 44) – der Wendepunkt.

Explosion der Gefühle

Der Vater könnte seiner Frau über den Abend Folgendes erzählen: Bea, gestern Abend habe ich unserer Tochter Unrecht getan. Ich dachte, dass sie wieder mal zu spät nach Hause kommt. Zuerst habe ich mich deswegen geärgert. Dann bin ich wütend geworden und als es immer später

Stell dir vor, die Mutter kommt am nächsten Tag nach Hause. Schreibe auf, was der Vater seiner Frau über den Abend erzählt

wurde, habe ich mir richtig Sorgen gemacht. Ich wusste ja nicht mal genau mit wem sie unterwegs war und wo. Vor lauter Wut und Angst habe ich dann sogar ihre Jacke zerrissen. Am Ende lag sie die ganze Zeit im Bett. Ich hatte nur nicht mitbekommen, dass sie schon zurück war.

Vater hat Tochter Unrecht getan

Ich fühle mich schrecklich, dass das passiert ist. Aber ich werde mit unserer Tochter sprechen. Ich will sie nicht vorverurteilen – dass ich das gestern getan habe, zeigt mir aber auch, wie sehr es mich ärgert, dass sie sich häufig nicht an Vereinbarungen hält. Ich denke, wir müssen einmal in Ruhe über all diese Dinge sprechen.

fühlt sich schrecklich

will mit Tochter über die Sache reden

Wie ist das Verhalten des Vaters zu bewerten? Bestenfalls geht es darum, auch den Vater nur als Mensch mit Fehlern zu sehen, den es hier einmal ins „Abseits“ verschlagen hat. Schwierig bleibt sein Verhalten dennoch. Er war weder vorurteilsfrei noch fair. Er war mit seiner Verurteilung der Tochter im Unrecht.

Schluss mit Stellungnahme

(685 Wörter)

Hauptschulabschlussprüfung in Baden-Württemberg
Lösungsvorschläge Deutsch 2022

Um dir die Lösungen zur Prüfung 2022 schnellstmöglich zur Verfügung stellen zu können, bringen wir sie in digitaler Form heraus.
Sobald die Original-Prüfungsaufgaben 2022 zur Veröffentlichung freigegeben sind, können die Lösungen als PDF auf der Online-Plattform *MyStark* heruntergeladen werden (Zugangscode vorne im Buch).

Prüfung 2022

www.stark-verlag.de/mystark

Übungsaufgabe im Stil der Hauptschulabschlussprüfung
Lösungsvorschläge Englisch

A Listening Comprehension

Allgemeiner Hinweis: Lies dir alle Aufgaben zuerst genau durch, damit du weißt, worauf du achten musst. Sieh dir die Lösungen erst an, wenn du die Aufgaben bearbeitet hast. Falls du etwas nicht verstanden hast, kannst du dir den Hörverstehenstext auch durchlesen.

Part 1

a) C
Hinweis: "A safari in South Africa sounds fun. I'll see what's on the internet about it." (Z. 7)

b) B
Hinweis: "I just need some change for the ticket machine." (Z. 11)

c) C
Hinweis: "… today it's 30 minutes late!" (Z. 19)

d) B
Hinweis: "… and stole my fish!" (Z. 29)

e) A
Hinweis: "Most of us had a problem with number 14 … I don't think anyone has got it right." (Z. 37 f.)

Part 2

a) The highway wasn't the first, the longest or the **fastest**.
Hinweis: "And it might not have been the fastest." (Z. 3)

b) The dust storms happened during the **1930s**.
Hinweis: "A series of powerful dust storms in the 1930s …" (Z. 8 f.)

c) The people who left wanted **a better** life in California.
Hinweis: "… hoping the path would lead to a better life in California …" (Z. 11 f.)

d) The 1940s and 50s saw the rise of the **car** culture.
Hinweis: "… the car culture exploded in the 1940s and 50s." (Z. 14 f.)

e) The new highways were faster and didn't have many **traffic lights**.
Hinweis: "… highways, with faster speed limits and fewer traffic lights." (Z. 17 f.)

Part 3

a) C

Hinweis: "Yellowstone's hotels always celebrate Christmas in August with Christmas trees and decorations." (Z. 9 f.)

b) B

Hinweis: "A long time ago there was a heavy snow storm <u>in summer</u> – <u>it can happen</u> …" (Z. 12 f.)

c) C

Hinweis: "Have you got any other good stories from Yellowstone – they're more fun than just talking about animals and geysers." (Z. 19 f.)

d) B

Hinweis: "In 1914, one robber stopped 25 stagecoaches …" (Z. 27 f.)

e) A

Hinweis: "Come on, Greg, the good guys always win!" (Z. 31)

Part 4

a) John – D

Hinweis: "… go to a luxurious boutique hotel …" (Z. 3)

b) Olivia – F

Hinweis: "… I usually go couchsurfing when I'm abroad. It's a great and cheap way to meet locals …" (Z. 8 f.)

c) Hailey – A

Hinweis: "… I always stay at youth hostels. I always choose a small hostel …" (Z. 13 f.)

d) Carter – B

Hinweis: "… I usually go camping with my friends. I love hiking and fishing and being outside 24/7 …" (Z. 16 ff.)

e) Josh – C

Hinweis: "My parents bought a large mobile home five years ago, so we always go camping. I like sleeping in the comfy bed of the mobile home …" (Z. 21 ff.)

B Text-based Tasks

Part 1

a) C

Hinweis: *hazard* = Gefahr

b) C

Hinweis: *to display* = zeigen, sichtbar machen

c) B

Hinweis: *unless* = außer wenn

d) A
Hinweis: *not permitted = not allowed*

e) B
Hinweis: *to steer* = steuern

Part 2

a) – C
b) – A
c) – E
d) – B
e) – D

Part 3

a) false
Hinweis: "Rainwater is collected in large containers and sent through a system that waters the rooftop garden." (Z. 9 f.)

b) true
Hinweis: "The roof is filled with green life that appeals to insects." (Z. 10 f.)

c) true
Hinweis: "'… we're trying just to see which variety grows the best in a green roof setting.'" (Z. 24 f.)

d) not in the text

e) true
Hinweis: "She says she's been surprised by the garden's output. 'My biggest surprise was that we produced 4,250 pounds of produce the first year …'" (Z. 33 f.)

Part 4

a) (Water is a necessity of life.) Rain, especially, helps plants grow and stay green.
Hinweis: Z. 1

b) Rainwater is collected in large containers and sent through a system that waters the rooftop garden.
Hinweis: Z. 9 f.

c) … rooftops are just (unused) space …
Hinweis: Z. 14 f.

d) … UDC's Master Gardener program. It seeks to improve cities and make them beautiful by training people to become Master Gardeners.
Hinweis: Z. 31 ff.

e) (… food can be grown on a rooftop.) "This is the future for food."
Hinweis: Z. 37 f.

Part 5

1. C
Hinweis: "But too much rain – especially in cities – can lead to flooding." (Z. 2)

2. A
Hinweis: "The garden holds many kinds of plants to help absorb rainwater …" (Z. 7 f.); absorb = soak up

3. B
Hinweis: "In cities, 'you don't have that many spaces to choose from and so rooftops are just (unused) space,' …" (Z. 12 ff.)

4. C
Hinweis: "'We have the same experiment running with tomatoes as we do with strawberries, so we're doing variety trials …'" (Z. 23 f.)

5. C
Hinweis: "This is the future for food." (Z. 37 f.)

C Use of Language

Part 1

a) a lot of

b) ago

c) from

d) enough
Hinweis: Auch wenn hier „nicht viel Nahrung" ebenfalls einen Sinn ergeben würde, stimmt „many" nicht, weil hier eine Verneinung und ein unzählbares Substantiv vorliegen = *not much food.*

e) always

f) because

Part 2

a) gain
Hinweis: Z. 8

b) more
Hinweis: Z. 10

Part 3

a) a lot of
Hinweis: Z. 7

b) close to
Hinweis: Z. 16

Part 4

Lösungsbeispiele:

a) bin: a container in which you put rubbish

b) to chase: someone runs after you and tries to catch you.

c) to lock: you can use a key to lock a door, for example, so that it can't be opened.

Part 5

Lösungsbeispiele:

- How many polar bears are there in Canada?
- What age can polar bears reach?
- Why are polar bears white?

D Writing

Part 1

Hinweis: Hier verfasst du eine Nachricht an einen Brieffreund, in der du ihm von deinen Urlaubsplänen berichtest. Achte darauf, dass du in deinem Text auf mindestens drei inhaltliche Vorgaben eingehst. Halte dich auch an die angegebene Textlänge. Der folgende Text ist ein Lösungsbeispiel.

Hi Jason,

You asked me about my holiday plans. In August, I'm going to visit my aunt, uncle and cousins in Australia. My brother is coming with me. Aunt Lisa and Uncle Dan live in Sydney. I would like to see the Opera House and walk on Harbour Bridge. I would also like to go surfing at Bondi Beach and go on a trip to the Outback – and I would love to see kangaroos!

Take care!

(your name) *(76 words)*

Part 2

Hinweis: Hier sollst du mit Hilfe der Vorgaben einen Text von ungefähr 80 Wörtern über deinen Lieblingsstar schreiben.

My favourite star is not a singer or YouTuber, but a student from Sweden. Her name is Greta Thunberg. She was born in January 2003. In 2018, she started the "Fridays for Future" strikes to fight for climate protection. Millions of students have already taken part in the strikes. Greta and the students want to put pressure on people to stop destroying our planet and they want politicians to do much more to protect the climate. I think Greta is a special person because what she does is great! *(89 words)*

Hauptschulabschlussprüfung in Baden-Württemberg
Lösungsvorschläge Englisch 2019

Listening Comprehension

Allgemeiner Hinweis: Lies dir alle Aufgaben zuerst genau durch, damit du weißt, worauf du achten musst. Sieh dir die Lösungen erst an, wenn du die Aufgaben bearbeitet hast. Falls du etwas nicht verstanden hast, kannst du dir den Hörverstehenstext auch durchlesen. Vergiss in der Prüfung auf keinen Fall, deine Antworten richtig in das *Answer Sheet* zu übertragen. Nur die dort eingetragenen Lösungen zählen in der Prüfung!

Part 1

1. B
   Hinweis: "… I put it in my school bag instead …" (Z. 12 f.)
2. B
   Hinweis: "Then why don't you try exercise number 7a?" (Z. 21 f.)
3. C
   Hinweis: "… at half past twelve?" – "… a return ticket, please." (Z. 37 ff.)
4. C
   Hinweis: "… I saw the same laptop … it was £ 50 cheaper there." (Z. 49 f.)
5. A
   Hinweis: "… there's only one minute to go." (Z. 56) – "… it says five minutes extra time …" (Z. 61)

Part 2

6. 1986/Chicago
   Hinweis: "… was invented in 1986 … at the Green Mill Jazz Club in Chicago." (Z. 3 f.)
7. national
   Hinweis: "The first national poetry slam took place in 1990 in San Francisco." (Z. 5)
8. actors
   Hinweis: "… careers as professional writers, actors, and hip-hop artists." (Z. 8)
9. 3 min./minutes
   Hinweis: "… each poet has three minutes to perform their poem." (Z. 10 f.)
10. (musical) instruments
    Hinweis: "The poet is not allowed to use costumes or musical instruments." (Z. 12)

Part 3

11. B
    Hinweis: "I thought you would be home earlier today." (Z. 2 f.) – "I could have been." (Z. 4)

12. A
    Hinweis: "… I did very well on the test." (Z. 8)

13. B
    Hinweis: "Wayne has to take something to school …" (Z. 16); "… those muffins are for him." (Z. 17)

14. A
    Hinweis: "It's just a question of practice." (Z. 21)

15. C
    Hinweis: "What about Saturday afternoon, let's say 3.30?" (Z. 25 f.)

Part 4

16. B
    Hinweis: "Here you can do running, cycling and weights." (Z. 3)

17. A
    Hinweis: "… you can only come in here with trainers on." (Z. 4 f.)

18. A
    Hinweis: "There is always a lifeguard in attendance …" (Z. 7 f.)

19. C
    Hinweis: "… slightly more expensive … we offer a very wide range of activities." (Z. 12 f.)

20. B
    Hinweis: "The timetables … are in our brochure … look at our website …" (Z. 13 ff.)

Part 5

21. C
    Hinweis: "… look for a job as an au-pair …" (Z. 6)

22. A
    Hinweis: "… I'll train to be a carpenter." (Z. 10 f.); *carpenter* = Schreiner*in

23. D
    Hinweis: "I've managed to get an internship with a radio station …" (Z. 15 f.)

24. G
    Hinweis: "… I'll just carry on doing different jobs …" (Z. 20 f.)

25. H
    Hinweis: "… travelling around Australia and earning some money at the same time." (Z. 23 f.)

Reading Comprehension

Part 1

1. B
   Hinweis: *life vest* = Rettungsweste
2. A
   Hinweis: *stage* = Bühne
3. C
   Hinweis: *private property* = Privatgrundstück
   Private Grundstücke werden oft mit einem elektrischen Einfahrtstor gesichert.
4. B
   Hinweis: In einer Bücherei sind in der Regel keine Getränke erlaubt.
5. A
   Hinweis: *priority* = Vorrang, *passengers* = Fahrgäste
6. C
   Hinweis: *petrol* = Benzin, *garage* = hier: Autowerkstatt

Part 2

7. C
   Hinweis: *break* = hier: Ferien, Urlaub; *trip* = Ausflug
8. A
   Hinweis: *appointment* = Termin, Vereinbarung, *visitor* = Besucher*in
9. C
   Hinweis: *must not* = nicht dürfen
10. A
    Hinweis: *limit* = Grenze

Part 3

11. false
    Hinweis: "... since the arrival of mobile phones, nobody really needs public telephones ..." (Z. 5 ff.)
12. true
    Hinweis: "... more and more red phone boxes are taking on a new life ..." (Z. 11 f.); "... use it for something completely different." (Z. 15 f.)
13. true
    Hinweis: "... help has to come quickly and that can be a problem in the countryside." (Z. 19 f.)
14. not in the text
15. false
    Hinweis: "... 10 of the boxes are being used as mini art galleries ..." (Z. 22 f.)

Part 4

16. C
    Hinweis: *they are surrounded by* … = sie sind umgeben von …

17. A
    Hinweis: *to order* = befehlen

18. B
    Hinweis: Der Satz beinhaltet eine indirekte Rede. Da der Hauptsatz in der Vergangenheit steht ("… he was told that …"), muss im Nebensatz der sog. *backshift* ("left") erfolgen. Auch handelt es sich hier um einen if-Satz Typ II, in dem im Bedingungssatz das *simple past* steht.

19. A
    Hinweis: *not in any way* = in keiner Weise

20. D
    Hinweis: *change of scene* = „Tapetenwechsel"

Part 5

21. C
    Hinweis: "… wants to rebuild a very high office building into 254 flats …" (Z. 3 f.)

22. A
    Hinweis: "There are minimum standards for homes in Great Britain … they do not apply …" (Z. 6 ff.)

23. A
    Hinweis: "… there is only little space to walk around." (Z. 14 f.)

24. B
    Hinweis: "… or £ 180,000 to buy." (Z. 18 f.)

25. C
    Hinweis: "… comments on the council's website like: 'This shouldn't be legal – it's inhuman!' " (Z. 21 f.)

Writing

Part 1 – Letter

Hinweis: Nachdem du die Lücken gefüllt hast, solltest du den Text noch einmal durchlesen, um zu überprüfen, ob deine Lösungen richtig sind bzw. einen Sinn ergeben.

sorry/bad/sad/unhappy – was – stay/be/remain – nice/kind/friendly – than – meal – able/allowed – patients/people/children – great/super/nice/cool/awesome – on

Part 2 – Dialogue

Hinweis: Statt Fragen kannst du auch treffende Aussagesätze formulieren, die ebenfalls als richtige Antwort gewertet werden.

1. Where do you want to go (to)? /
   Where are you flying to?
2. When is your flight? /
   What time do you fly? /
   What time are you flying?
3. You can see/find the gate on the (display) boards.
4. There is one on the right next to the kiosk.
5. I can show you the board if you like. /
   Shall I show you the board?
6. I'm flying to Los Angeles to visit some relatives.
7. Thanks/Thank you. Have a good flight.

Part 3 – E-mail

Deine Aufgabe ist es hier, eine E-Mail an Frau Potter, die Besitzerin eines B&B, zu schreiben. Du hast dort übernachtet und deinen Mantel vergessen. Beschreibe in wenigen Sätzen, wann und wo du den Mantel vergessen hast, wie er aussieht und was in den Manteltaschen ist. Unterbreite Frau Potter einen Vorschlag, wie du deinen Mantel zurückbekommen könntest. Achte auf Höflichkeitsformen bei Anrede und Verabschiedung. Abschließend zählst du deine Wörter. Es müssen mindestens 60 sein.

From: (your e-mail address)
To: potterbnb@dover.co.uk
Subject: Coat left behind

Dear Mrs Potter,

My name is *(your name)* and I was your guest from Tuesday, 11th May to Wednesday, 12th May. Unfortunately, I left my coat behind in your entrance hall. It is a black wool coat size S with big white buttons. I am not sure about the label, but I think it's MAX. In the left pocket there are tissues and some chewing gum. I will be in Dover again next Monday on my way home. Would you mind keeping the coat till I come to pick it up?
Thank you very much in advance.

Yours sincerely,

(your name) *(99 words)*

A Listening Comprehension

Allgemeiner Hinweis: Lies dir alle Aufgaben zuerst genau durch, damit du weißt, worauf du beim Zuhören achten musst. Sieh dir die Lösungen erst an, wenn du die Aufgaben bearbeitet hast. Höre dir einen Text noch einmal an, wenn deine Antwort nicht richtig war. Falls du etwas nicht verstanden hast, kannst du dir den Hörverstehenstext auch durchlesen.

Part 1

You will hear five short conversations. There is one task for each conversation. You will hear each conversation twice. There is one question for each conversation. For tasks a)–e) mark A, B or C.

Task a) When will Ernest visit his grandma?

Mum: Hello Ernest! Grandma called while you were at school. She asked when you are going to visit her.

Ernest: I wanted to visit her this week.

Mum: Maybe you can even manage to go and see her today. She's really looking forward to seeing you.

Ernest: No, today won't be possible. It's football practice this afternoon.

Mum: Right. I forgot about that … So how about tomorrow after school?

Ernest: Tomorrow … Well, I think I'll need the time to study for the English test.

Mum: That's true!

Ernest: But the rest of the week is free. So, I could visit grandma the day after tomorrow.

Mum: Alright. I'll let her know.

Task b) What time does the shop close today?

Mum: Miles, could you go to the little corner shop and get me some milk and eggs, please? It's 6 o'clock now and the shop closes in half an hour.

Miles: Sure, Mum. No problem. But I thought the shop is open until 8. Didn't you tell me about the longer opening times the other day?

Mum: That's only on Thursdays. The shop closes earlier during the rest of the week. Jack, the shop owner, says that it isn't worth staying open because of all the supermarkets in town.

Miles: He's probably right. Anyway, I'm off now. Milk and eggs, anything else?

Mum: No, that's all. Thanks, dear.

Task c) What's new in the house?

Laura: Hey, Marcus. It's great that you've finally come to visit us.

Marcus: Yes, thanks for the invitation, Laura. I love your house, it's so big and you've decorated it really well. Is the carpet new?

Laura: No, we've had this carpet for years and we want to buy a new one sometime soon. Same with the sofa here – but there are some things you just don't want to let go.

Marcus: I know exactly what you mean. But, from time to time you need something new, don't you?

Laura: I know, I know. There is a new furniture shop in town and I couldn't resist buying this lamp and an armchair last week.

Marcus: Oh, nice! I think I should go there myself. I've been looking for a new kitchen table but haven't found one that fits in my kitchen yet.

Task d) Where did Peter sleep last night?

Dad: Good morning, Peter. How was the party? Were you able to get some sleep?

Peter: Mornin', Dad! Yes, but not before 2 o'clock in the morning.

Dad: Why's that? Was it too noisy at Steven's house?

Peter: The problem was that we couldn't stay there for the night. Steven's parents came back home from their hiking trip around midnight. His mum got sick so they returned earlier.

Dad: I see. Why didn't you give me a call? I could have picked you up.

Peter: Yes, I know. But both Harry and William said we could stay at their house for the night instead.

Dad: So you went to Harry's?

Peter: No, we decided against Harry's place because it was too far away.

Task e) Which piece of clothing is in the washing?

Bryce: Mum, any idea where my white sports T-shirt is? I need it for PE tomorrow.

Mother: It might be in the washing. Just go and have a look downstairs love.

Bryce: It isn't in the washing. And neither is the grey one. There are only dark-coloured clothes in the washing, mum.

Mother: Oh, yes. You're right. I completely forgot about that. You said your black pullover needed to be washed, so I did that last night before I went to bed.

Bryce: Right, but this still doesn't explain where my white and grey T-shirts are.

Mother: I wouldn't be surprised if you found them somewhere in your room. The place really is a mess.

Bryce: Alright, alright. I got the message.

a) C

Hinweis: "So, I could visit grandma the day after tomorrow." (Z. 11 f.)

b) A

Hinweis: "It's 6 o'clock now and the shop closes in half an hour." (Z. 15)

c) C

Hinweis: "… I couldn't resist buying this lamp and an armchair last week." (Z. 31 f.)

d) C

Hinweis: "… both Harry and William said we could stay at their house for the night instead." – " … we decided against Harry's place …" (Z. 432 ff.)

e) B

Hinweis: "There are only dark-coloured clothes in the washing …" (Z. 50 f.)

Part 2

You will hear some information about Drake, a Canadian rapper. You will hear the information twice. For tasks a) – e) fill in the grid.

If you think of rap music, you might think of tattoos, bad habits and bad language. But there are other examples as well. Aubrey Drake Graham was born in 1986 in Toronto and is known as Drake. He is a Canadian rapper, singer, songwriter, record producer and actor. In 2018 he released a music video in which he spent almost $ 1 million on people in Miami. The song is called "God's Plan". The message at the start of the video says: "The budget for this video was $ 996,631.90. We gave it all away. Don't tell the label!" The video clip shows Drake handing out money to struggling families, toys to children, scholarships to students and checks to a women's shelter and a youth club in Miami. Before its release, Drake called the video "the most important thing I have ever done in my career." Drake holds several Billboard chart records. He is one of the world's best-selling music artists, with more than 95 million records sold globally. "God's Plan" held the top spot on the Billboard Hot 100 singles chart for more than 10 weeks.

Drake gives away almost $1 million in 'God's Plan' music video, REUTERS vom 16.02.2018, https://uk.reuters.com/article/us-music-drake/drake-gives-away-almost-1-million-in-gods-plan- music-video-idUKKCN1G 02/M

a) 1986

Hinweis: "… was born in 1986 … " (Z. 2 f.)

b) singer/songwriter/record producer/actor

Hinweis: "He is a Canadian rapper, singer, songwriter, record producer and actor." (Z. 3 ff.)

c) God's Plan

Hinweis: "The song is called 'God's Plan'." (Z. 5 f.)

d) money/toys/scholarships/checks

Hinweis: "The video clip shows Drake handling out money to struggling families, toys to children, scholarships to students and checks to a women's shelter and a youth club in Miami." (Z. 7 ff.)

e) 95 million
Hinweis: "... with more than 95 million records sold globally." (Z. 12 f.)

Part 3

Listen to five people talking about their jobs. Which person has which job? You will hear the information twice. For tasks a) – e) write a letter, A – H, next to each person.

Fiona: My name is Fiona. I work on Saturdays and in the school holidays. Saturdays are busy because that's when everyone goes shopping. We sell clothes and accessories for men, women and children. I work in the children's department. I really like children a lot but my job can be crazy sometimes.

Michael: Hi, I'm Michael. I like my job, but lots of people don't like coming to see me because they hate going to the doctor, especially when they have a toothache. Sometimes it's very hard work but it's great to help people when they have a problem. It's so important to look after your teeth.

Susan: I'm Susan and I work in a hospital in the city centre. It's a very big hospital. I help the doctors with the patients. I hand out medicine and look after patients when they feel ill. I love my job but I don't like the uniform and sometimes I have to work at night.

Jeremy: My name is Jeremy. My job is very difficult but I like it because I love travelling. I take people to different places on holiday. Most of the time I stay in Europe flying to places like Spain, Greece and Italy. The most difficult thing about my job is when the weather is bad. Snow and thunderstorms are the worst. The best thing about my job is visiting all the different places.

Vincent: Hi. I'm Vincent. I work during my summer holidays when I'm not at university. Oxford has thousands of tourists in the summer, so it's easy to find a job there. I show tourists all the Oxford sights and then we go down to the river. We do a short trip on a boat. The tourists love the boat trip but last summer one tourist fell into the water! I love meeting people from all over the world.

Adapted from: http://learnenglishteens.britishcouncil.org/skills/ listening/elementary-a2-listening/work

a) E
Hinweis: "We sell clothes and accessories ..." (Z. 2 f.)

b) F
Hinweis: "... going to the doctor ... when they have a toothache." (Z. 6 f.)

c) H

Hinweis: "I help the doctors with the patients." (Z. 10)

d) C

Hinweis: "I take people to different places … flying to places like Spain …" (Z. 14 f.)

e) A

Hinweis: "I show tourists all the Oxford sights …" (Z. 20)

Part 4

You will hear a radio interview about summer camps. You will hear the interview twice. For tasks a) – e) mark A, B or C.

Millie: This is radio 102.2. Today, we're talking about summer camps. My guest in the studio is Matthew Waddle. Matthew, did you ever go to a summer camp when you were a kid?

Matthew: Hi, Millie! Yes, I did. I went to a summer camp every second year.

Millie: What did you do there?

Matthew: Well, different things like archery.

Millie: Archery?

Matthew: Yeah, with bows and arrows. We had a target and we tried to hit it. I was really bad at it. I remember it was quite difficult and I hurt my arm with the bow. But later we did distance shooting as well and I was pretty good at that.

Millie: Wow. Congratulations. OK, besides archery what were the other games you played or sports you did?

Matthew: Well, we learned how to paddle a canoe, we swam and we went on hikes. And we learned how to navigate through the forest with a compass.

Millie: What did you guys do at night? Did you play games or have campfires?

Matthew: Yes, we always had a campfire at night. We sang some songs and told ghost stories. But my favorite thing to do at the campfire was roasting marshmallows.

Millie: That's the best.

Matthew: I spent hours trying to find the perfect stick to roast marshmallows on.

Millie: That sounds yummy.

Matthew: Yes, it really was!

Millie: OK. Final question, was it hard to be away from your family?

Matthew: No, not at all. I remember feeling free and more independent away from my parents. There weren't so many rules.

Millie: You weren't homesick at all?

Matthew: No, I never got homesick. Each year when my parents came to pick me up I really didn't want to go home.

Millie: OK, thanks for being on the show, Matthew.

Matthew: Thanks too. It's been a pleasure.

Adapted from: http://www.elllo.org/english/1101/1108-Camp-Warren.htm

a) B
Hinweis: "I went to a summer camp every second year." (Z. 4)

b) C
Hinweis: "… we did distance shooting as well and I was pretty good at that." (Z. 10 f.)

c) A
Hinweis: "… and we went on hikes." (Z. 14 f.)

d) C
Hinweis: "I spent hours trying to find the perfect stick to roast marshmallows on." (Z. 21 f.)

e) B
Hinweis: There weren't so many rules." (Z. 27)

B Text-based Tasks

Part 1

a) A
Hinweis: *order* = Bestellung

b) B
Hinweis: *premises* = hier: Räumlichkeiten

c) A
Hinweis: *trail* = Weg, Pfad (z. B. im Wald)

d) A
Hinweis: *unattended* = unbeaufsichtigt

e) C
Hinweis: Der Weg darf bei schlechtem Wetter gar nicht benutzt werden.

Part 2

a) B
Hinweis: "Maurice de Bevere, also known as Morris … decided to create his own western star … Lucky Luke was born." (Z. 4 ff.)

b) E
Hinweis: In diesem Abschnitt werden Beispiele für Lucky Lukes Abenteuer genannt, die er immer erfolgreich besteht.

c) C

Hinweis: "… comic-strip hero for more than 70 years … several hundred million copies have been sold." (Z. 19 ff.)

d) A

Hinweis: "… animated series for television … Lucky Luke 'live' films." (Z. 24 ff.)

e) D

Hinweis: "… huge and increasing number of merchandising stuff …" (Z. 28 f.)

Part 3

a) false

Hinweis: "… western star who should have special skills." (Z. 6 f.)

b) false

Hinweis: "… undergoes a lot of adventures." (Z. 10 f.)

c) true

Hinweis: "… claiming no rewards." (Z. 17 f.)

d) not in the text

Hinweis: Die Zahl 70 bezieht sich darauf, wie lange es die Comicfigur Lucky Luke schon gibt.

e) true

Hinweis: "… animated series for television … Lucky Luke 'live' films." (Z. 24 ff.)

Part 4

a) As a child he was fascinated by western films […]

Hinweis: Z. 5

b) On horseback he crosses the American states […]

Hinweis: Z. 10

c) […] in the end Lucky wins and brings them back to where they belong.

Hinweis: Z. 15 f.

d) […] there is much more than just the comic strips.

Hinweis: Z. 23

e) The 'Lonesome Cowboy' is even with you at school […]

Hinweis: Z. 30 f.

Part 5

a) A

Hinweis: "… should have special skills." (Z. 6 f.)

b) B

Hinweis: "… to help people in trouble." (Z. 8)

c) C

Hinweis: "… he has to deal with … the Daltons … in the end Lucky Luke wins and brings them back to where they belong." (Z. 12 ff.)

d) C

Hinweis: "… almost 90 titles have been published. They were translated into 30 languages …" (Z. 20)

e) A

Hinweis: "… ten Lucky Luke 'live' films." (Z. 26 f.)

C Use of Language

Part 1

a) were

Hinweis: Es handelt sich hier um einen Passivsatz im *Simple past*, der mit *were* (Plural *dogs*) + *Past participle* gebildet wird.

b) most

Hinweis: gesteigert: "One of the most famous street dogs …" = „Einer der berühmtesten Straßenhunde …"

c) on

Hinweis: feststehende Wendung: "on his way"

d) took

Hinweis: "took him home" = „nahm ihn mit nach Hause"

e) death

Hinweis: Hier musst du das Substantiv wählen.

f) while

Hinweis: *while* = während

Part 2

a) found

Hinweis: Z. 7

b) always

Hinweis: Z. 11

Part 3

a) famous

Hinweis: Z. 4

b) injured

Hinweis: Z. 7

Part 4

Lösungsbeispiele:

a) A pet is an animal like a dog or cat which lives in your home.

b) It means saying hello to someone you meet.

c) It is the month after May.

Part 5

Lösungsbeispiele:

- How often do you take your dog for a walk?
- Is the equipment you need for a dog expensive?
- Can a dog stay alone for a certain time?

D Writing

Part 1

Hinweis: Hier musst du eine Bewerbungs-E-Mail von mindestens 60 Wörtern an ein Restaurant schreiben. Gehe auf alle drei genannten Punkte ein. Die Stichpunkte in Klammern sind Vorschläge, die du in deinem Text verwenden kannst. Formuliere höflich und schreibe keine Kurzformen wie „I'm", sondern Langformen wie „I am". Da du den Namen der Ansprechpartnerin / des Ansprechpartners nicht kennst, nimmst du als Anrede „Dear Sir or Madam". Der Schluss lautet dann „Yours faithfully". Die folgende Lösung ist ein Beispiel.

Dear Sir or Madam,

On your website I noticed your advert offering a job as a waiter. My name is Dirk, I am 15 and taking my final exams this year.
I have already had some work experience in a restaurant as a waiter and I enjoyed it. I am a friendly, reliable and communicative person who likes working with other people.
Maybe there is some more information you can give me: I would like to know about the salary and the working hours, and if I would have to wear special clothes.

I am looking forward to hearing from you.

Yours faithfully,

Dirk Brecht *(105 words)*

Part 2

Hinweis: Bei dieser Aufgabe sollst du über einen Ort schreiben, an dem du vor Kurzem warst und wo es dir gefallen hat. In den Kästen findest du Ideen, die du für deinen Text verwenden kannst. Schreibe in ganzen Sätzen und versuche, sie durch Konjunktionen miteinander zu verbinden. Achte darauf, dass dein Text mindestens 80 Wörter umfasst. Die folgende Lösung ist ein Beispiel.

Last weekend I visited my friend Tina, who lives in the south of Bavaria. I stayed at her parents' house, which is located next to a beautiful forest. Tina and I enjoyed our daily walks through the forest, which looked like a fairy tale. The weather during my stay was perfect for those hiking trips. One day we also rode by bike to a lake nearby, where Tina taught me how to fish, but I enjoyed swimming in the lake afterwards more than catching fish! All in all, it was a nice, adventurous short trip and I would love to visit Tina there again one day.

(106 words)

Hauptschulabschlussprüfung in Baden-Württemberg
Lösungsvorschläge Englisch 2021

A Listening Comprehension

Allgemeiner Hinweis: Lies dir alle Aufgaben zuerst genau durch, damit du weißt, worauf du beim Zuhören achten musst. Sieh dir die Lösungen erst an, wenn du die Aufgaben bearbeitet hast. Höre dir einen Text noch einmal an, wenn deine Antwort nicht richtig war. Falls du etwas nicht verstanden hast, kannst du dir den Hörverstehenstext auch durchlesen.

Part 1

You will hear five short conversations. There is one task for each conversation. You will hear each conversation twice. There is one question for each conversation. For tasks a) – e) mark A, B or C.

Task a) When will they visit Glasgow Zoo?

Jenny: Hello, this is the Glasgow Zoo. You're talking to Jenny. What can I do for you?

Greg: Hi Jenny, this is Greg speaking. I'd like to visit the zoo with my class and I wonder if you could tell me more about the entrance fees for school classes.

Jenny: No problem, tomorrow is Tuesday. Well, the entrance fee for a school class on Tuesdays is 15 pounds per student.

Greg: Oh, thank you, so I think …

Jenny: Wait a second. If you come on Friday afternoon it will be 2 pounds cheaper per person.

Greg: Oh, that's an offer worth thinking about – Friday afternoon would be possible.

Jenny: Or you could come on Wednesday morning. I can offer you the same price!

Greg: Unfortunately, we have a school assembly on Wednesday, so we'll come at the end of this week. Thanks a lot!

Task b) Who will join Bobby for the pop concert?

Bobby: Hi Mo, would you like to come with me to the pop concert in the Royal Concert Hall this evening?

Mo: I'd like to, but my football team is going to the Karaoke contest down in the pub – but what about Alex?

Bobby: Oh, didn't he tell you? His brother Frank bought two tickets for the rugby match in Glasgow tonight. I'm sure he won't want to come.

Mo: Let me think. I haven't been to a pop concert for a long time. I'll tell my mates that I'll join them next week and I'll come with you. Can you pick me up?

Task c) At what time will the young woman take the train?

Woman: Excuse me, sir? When's the next train to Aberdeen?

Clerk: There's one at 4.20, but it stops at nearly every station, so it takes two hours, but it's only 15 pounds.

Woman: Oh, that's quite a long trip. Is there an alternative?

Clerk: Let me see, there is one at 5.15 from Glasgow's main station, but you have to change trains in Edinburgh or there's one at 6 o'clock. You don't need to change.

Woman: Fine, then I'll take the 6 o'clock one. How much is it?

Clerk: Both the 5.15 and the 6 o'clock trains are 45 pounds.

Woman: Oh no, that's far too expensive. I think I'll have to take the early but longer one. Thanks!

Task d) What will Pete and Kate buy for James' birthday?

Pete: It's James' birthday tomorrow and we need a present for him.

Kate: What about one of those "I love Scotland" mugs? I like them. Or do you think we should buy a shirt with the Scottish flag?

Pete: A shirt? Great idea, let's buy it!

Kate: But we don't know which size to get, so what about special Harry Potter chocolate?

Pete: Well, he hates chocolate but he really enjoys his coffee. Let's go for the "I love Scotland" souvenir!

Task e) Whose room does Charley choose?

Charley: Hi Pete, one question. Can I stay overnight after your party? It's a long way home for me.

Pete: Of course, no problem, Charley. You can stay in Tom's room.

Charley: Thank you so much, but doesn't Tom have to get up early to get to work?

Pete: Ah, you're right. Well, you could sleep in my room, but I'm already sharing it with Jake.

Charley: Oh no, you know, Jake and me – not the best idea, sorry Pete.

Pete: Then I can offer you Robbie's room.

Charley: Your younger brother's? I know his jokes and pranks, but that's much better than getting up so early.

a) C

Hinweis: "... Friday afternoon would be possible." (Z. 10 f.); "... so we'll come at the end of this week." (Z. 14 f.)

b) B
Hinweis: Mo: "… I'll come with you." (Z. 23)

c) A
Hinweis: "There's one at 4.20 …" (Z. 26); "That's quite a long trip …" (Z. 28); "I think I'll have to take the early but longer one." (Z. 34 f.)

d) A
Hinweis: "… one of these 'I love Scotland' mugs." (Z. 37); "Let's go for the 'I love Scotland' souvenir!" (Z. 42 f.)

e) C
Hinweis: "I can offer you Robbie's room …" – "… I know his jokes and pranks, but that's much better than getting up so early." (Z. 52 ff.)

Part 2

You will hear an advert for the Museum Context in Edinburgh. You will hear the information twice. For tasks a) – e) fill in the grid.

The Museum Context in Edinburgh

Just in time for the 20th anniversary of the publication of *Harry Potter and the Philosopher's Stone*, the Museum Context, a gift shop for all Harry Potter fans, has opened in Edinburgh. But it's far more than a shop, it's a playground for them all. Museum Context offers an incredible shopping experience. Curiosities range from stuffed Hedwig owls and Potter mugs to chocolate frogs and everything and anything else in between. You can also find clothes in Gryffindor, Ravenclaw, Slytherin and Hufflepuff house colours – of course all made in Scotland.

You will find Museum Context in one of the most beautiful streets in Edinburgh, Victoria Street. The house was built between 1829 and 1834 and has an interesting fact: some people say it was the inspiration for J. K. Rowling to invent the stories about Harry Potter.

So, come in and enjoy the atmosphere of Harry Potter's world! You'll soon begin to feel like a witch or wizard. Don't miss it!

Adapted from: [https://theculturetrip.com; Stand 01. 08. 20]

a) gift
Hinweis: "… a gift shop for all Harry Potter fans …" (Z. 2)

b) frogs
Hinweis: "… Potter mugs to chocolate frogs and everything …" (Z. 5 f.)

c) Victoria Street
Hinweis: "… in Edinburgh, Victoria Street." (Z. 9 f.)

d) 1834
Hinweis: "… was built between 1829 and 1834 …" (Z. 10)

e) wizard
Hinweis: "… feel like a witch or wizard." (Z. 13 f.)

Part 3

You will hear a radio interview with some teens in Scotland. What does each person talk about? You will hear the interview twice. For tasks a)–e) write a letter, A–H, next to each person.

Presenter: Today we are talking to five teens who spent two weeks here in Scotland and are asking them about their favourite activities and places. Welcome Francis, where did you spend your time?

Francis: I have dreamt of attending the Old Firm in Glasgow since I was a little boy, and I was the luckiest boy on earth when I succeeded in buying a ticket for the match. It was great fun – and the best thing was – Celtic Glasgow won the match!

Presenter: Lucky you! Hi Angus, what was your favourite activity here in Scotland?

Angus: Well, I'm not so much into football, but I'm very interested in that medieval stuff. I really enjoyed visiting all these ancient places – you know, Rob Roy fighting against the English, ay! I went to Eilean Donan Castle, visited the Sterling buildings and the Glenfinnan Monument on the west coast of Scotland. It was amazing.

Presenter: Thank you, Angus, now what about you, Keira, are you also a Bravehearts fan?

Keira: That's boy stuff – I did a tour on a boat and visited some of the little islands off the Scottish west coast. I loved Portree, a town on the Isle of Skye. It was so relaxing, I just sat there for hours watching the boats leaving the harbour and returning from their fishing trips.

Presenter: Ah, lovely, and you Merida?

Merida: I was near Balmoral in the Highlands to see the strong men – men in kilts throwing logs, lifting heavy stones and dancing. What a show – I often watch the Highland Games on TV, but being so close to such strong men is a completely different thing! It was great!

Presenter: Last but not least, here is Rory.

Rory: I really love mystic and strange stories – and I do know that there are no monsters on lakes, but I couldn't resist joining a bus tour to the shores of Loch Ness and waiting for Nessie to come up … and … nothing happened, of course, but it was a nice trip with a nice girl …

Adapted from: http://learnenglishteens.britishcouncil.org/skills/listen-ing/elementary-a2-listening/work

a) C

Hinweis: "… I succeeded in buying a ticket for the match." (Z. 5 f.)

b) E

Hinweis: "I went to Eilean Donan Castle, visited the Sterling buildings and the Glenfinnan Monument …" (Z. 12 f.)

c) G

Hinweis: "… I did a tour on a boat and visited some of the little islands …" (Z. 17 f.)

d) D

Hinweis: "I was near Balmoral in the Highlands … Highland Games …" (Z. 22 ff.)

e) A

Hinweis: "… bus tour to the shores of Loch Ness …" (Z. 28 f.)

Part 4

You will hear a conversation between two friends talking about their weekend plans. You will hear the conversation twice For tasks a) – e) mark A, B or C.

Steffi: Hi, Ian, could you help me, please? I don't understand some words in this brochure about the sights and places here in Scotland.

Ian: Sure. I know it's sometimes hard to understand 'cause we use Gaelic words instead of English. How can I help you?

Steffi: I want to go on a trip to the Highlands and the first stop will be Loch Lomond. Sounds like a German word – *Loch* – which means 'hole' in English.

Ian: Oh, really, that's funny! It's like a big, big hole in the ground filled with water. 'Loch' is Gaelic and means 'lake'. Loch Lomond is a very nice place in the Lowlands and sometimes, in summer, you can go swimming there.

Steffi: But not in spring, surely! The next strange words are *glen* and *ben*. These sound like boys' names!

Ian: Yeah, might be, but in this case *glen* is another word for valley. There are a lot of *glens* in the Highlands and some have a very tragic history. In Glen Coe, for example, a lot of Scottish people died during the battles with the king's army.

Steffi: And who is Ben Nevis?

Ian: It's not a person – Ben Nevis is the highest mountain here in Scotland, but not only in Scotland, it's the biggest in the UK! It is 1345 metres high and you shouldn't go there in winter. It seems to be an easy hiking tour – but you must be careful because it can get very foggy very quickly!

Steffi: OK, I'm not interested in hiking. One last word – what does *fell* mean? It's another word that we use in German! It's the German word for the fur of an animal.

Ian: Oh no, a *fell* is a hill and there is a lot of *fell-running* in Scotland.
Steffi: That's even worse than hiking! Thanks a lot, Ian for your help!
Ian: You're welcome, have a nice trip!

Adapted from: http://www.elllo.org/english/1101/1108-Camp-War-ren.htm

a) B
Hinweis: "I don't understand some words in this brochure ..." (Z. 1 f.)

b) B
Hinweis: " 'Loch' is Gaelic and means 'lake'." (Z. 9)

c) A
Hinweis: "... a lot of Scottish people died during the battles with the king's army." (Z. 15 f.)

d) B
Hinweis: It seems to be an easy hiking tour – but you must be careful because it can get very foggy very quickly ..." (Z. 20 f.)

e) C
Hinweis: "... a fell is a hill ..." (Z. 25)

B Text-based Tasks

Part 1

a) A
Hinweis: *cattle* = das Vieh

b) C
Hinweis: *traces of soy* = Spuren von Soja

c) C
Hinweis: „Single road tracks" sind schmale Landstraßen, die lediglich für ein einziges Fahrzeug breit genug sind.

d) B
Hinweis: *pitch* = Spielfeld

e) B
Hinweis: *to hire* = (aus-)leihen, mieten

Part 2

a) D
Hinweis: "... celebrate Scottish and Celtic traditional cultures." (Z. 2); "well-known all over the world" (Z. 5)

b) E
Hinweis: "Hundreds of years ago ... Over the centuries ..." (Z. 8 f.)

c) B

Hinweis: "… there are a lot of big families called clans. These clans have been a part of the Highland Games right from the start …" (Z. 13 f.)

d) A

Hinweis: "There are different field events with special Scottish names." (Z. 22 f.)

e) C

Hinweis: "Many people think that the athletes have to throw the trunk of a tree (the caber) as far as they can – but that's wrong! The aim is to throw the caber in such a way that it lands in a 12 o'clock position." (Z. 28 ff.)

Part 3

a) false

Hinweis: "Originally founded as an athletics and sports competition …" (Z. 3 f.)

b) true

Hinweis: "… the Scots wanted to test the power and strength of Scottish troops during the games …" (Z. 8 f.)

c) not in the text

d) true

Hinweis: z. B. „fell-running": fell = hill, mountain (Z. 23 f.)

e) false

Hinweis: "… throw the trunk of a tree (the caber) …" (Z. 29)

Part 4

a) B

Hinweis: "… well-known all over the world." (Z. 5)

b) D

Hinweis: "… turned into festivals for all Scottish people." (Z. 10)

c) G

Hinweis: "Many clans … share information about Scottish history." (Z. 16 f.)

d) I

Hinweis: "… take a little flag … and bring it back down to the finish line." (Z. 25 f.)

e) K

Hinweis: "… you have to lift heavy stones …" (Z. 27)

Part 5

a) A

Hinweis: "… well-known all over the world." (Z. 5)

b) B

Hinweis: "Dancing, pipe bands, drumming, and food and drink were added …" (Z. 11 f.)

c) A
Hinweis: "These clans have been a part of the Highland Games right from the start …" (Z. 13 f.)

d) B
Hinweis: "… you have to run up a fell …" (Z. 23 f.)

e) B
Hinweis: "… throw the caber in such a way that it lands in a 12 o'clock position." (Z. 30 f.)

C Use of Language

Part 1

a) their
Hinweis: *their names* = ihre Namen

b) was
Hinweis: Hier muss das *Simple past* von „to be" in der 3 Person Singular stehen.

c) over
Hinweis: *all over New York* = überall in New York

d) teenagers

e) became
Hinweis: Auch hier muss das *Simple past* stehen (*became* = wurde), da über die Vergangenheit berichtet wird.

f) a lof of
Hinweis: *Graffiti artists* sind eine zählbare Menge, daher wäre *much* hier falsch.

Part 2

a) saw
Hinweis: "… teenagers saw his tag …" (Z. 9)

b) soon
Hinweis: "Soon, there were tags on walls …" (Z. 10)

c) beautiful
Hinweis: "… to make cities beautiful …" (Z. 15)

Part 3

a) young
Hinweis: "In New York, young people wrote …" (Z. 3)

b) first
Hinweis: "One of the first 'taggers' was a teenager …" (Z. 6)

c) bigger
Hinweis: "Their tags were bigger and more colourful." (Z. 12)

Part 4

Lösungsbeispiele:

a) teenager: a young person / someone between 13 and 19 (years)

b) popular: A person is popular if he/she is liked by many people.

c) to paint: When you paint you put colour on a wall, for example.

Part 5

Lösungsbeispiele:

- What does your tag "TAKI 183" mean? /
- How did you get the idea for your tag? /
- When did you start spraying? /
- Did your parents know about your hobby? /
- How do you feel when you see your tag all over the city? /
- Have you ever been afraid of being caught by the police? /
- Has anybody ever caught you while you were writing your tag?

D Writing

Part 1

Hinweis: In formellen Mails solltest du darauf achten, höflich zu sein und auch keine Kurzformen wie „don't" oder „I'm" zu verwenden. Vergiss auch die Anrede und die Schlussformel nicht. Da hier kein Ansprechparter / keine Ansprechparterin genannt ist, musst du mit „Yours faithfully" schließen. Gehe auf alle Punkte ein, die in der Angabe genannt werden und achte auf die geforderte Mindestanzahl an Wörtern.

Dear Sir or Madam,

I am writing to ask for some information about your documentary about the Highland Games. My name is Tom Schmidt from Germany and I am 13 years old. I have to do a school presentation about the Highland Games and I would like to use some interesting material from your film. Maybe you can send me some links which might be helpful for my research.

I am looking forward to your answer.

Yours faithfully,

Tom Schmidt *(80 words)*

Part 2

Hinweis: Bei dieser Aufgabe bist du relativ frei, in dem was du schreibst – es ist jedoch ratsam, sich an den angegebenen Stichwörtern und Ideen zu orientieren. Beachte auch die vorgegebene Mindestzahl an Wörtern.

My dream holiday

I would love to fly to a little island in the Caribbean where it is hot and the sun always shines. On the island there are a lot of palm trees and exotic – but not dangerous – animals.

There would also be a fridge which automatically refills with all my favourite food and drinks. I could do stand-up paddling in the ocean to exercise and to get a nice suntan quickly.

After two weeks, however, I would get homesick and fly back home to my family and friends.

(90 words)

Hauptschulabschlussprüfung in Baden-Württemberg
Lösungsvorschläge Englisch 2022

Um dir die Lösungen zur Prüfung 2022 schnellstmöglich zur Verfügung stellen zu können, bringen wir sie in digitaler Form heraus.
Sobald die Original-Prüfungsaufgaben 2022 zur Veröffentlichung freigegeben sind, können die Lösungen als PDF auf der Online-Plattform *MyStark* heruntergeladen werden (Zugangscode vorne im Buch).

Prüfung 2022

www.stark-verlag.de/mystark

Notizen

PRÜFUNGS-ANGST

STOPP DIE PANIK

Mit der Fußsohlen-Methode

Prüfungen können Angst- und Fluchtsituationen sein. Dein Körper schüttet Adrenalin aus und dämpft das Gefühl in den Füßen. Z. B. beim Weglaufen ist es gut, wenn man die Füße nicht spürt. Eine Prüfung ist aber **keine Gefahrensituation**. Signalisiere deinem Körper, dass du nicht weglaufen musst, und bring das Gefühl in deine Füße zurück:

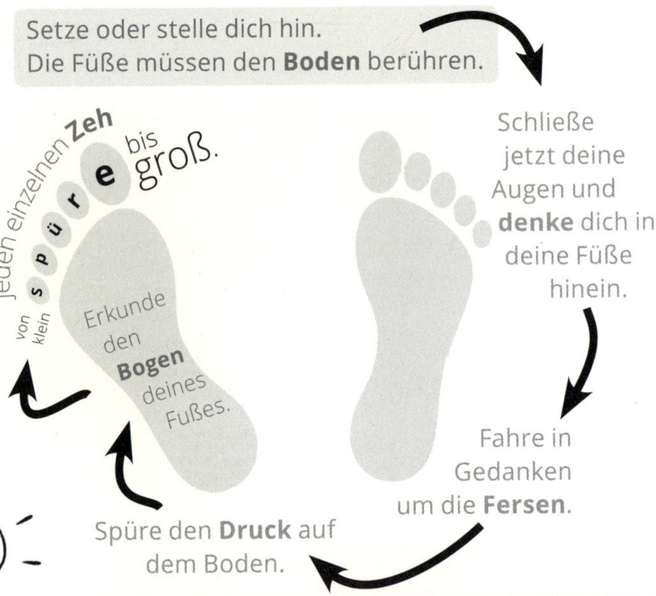

Dein Körper **fühlt** die Füße wieder und denkt, er sei in keiner Panik-Situation, sondern in **Sicherheit**.